Politik begreifen

Schriften zu theoretischen und empirischen Problemen
der Politikwissenschaft

Politik begreifen

**Schriften zu theoretischen und empirischen Problemen
der Politikwissenschaft**

Band 6

Politische Skandale in Demokratien und Schauprozesse in Diktaturen

Zur funktionalen Äquivalenz

von

Karl Marker

Herausgegeben von
Dr. Johannes Marx
Dr. Annette Schmitt
Prof. Dr. Volker Kunz

Tectum Verlag

Karl Marker

Politische Skandale in Demokratien und Schauprozesse in Diktaturen.
Zur funktionalen Äquivalenz
Politik begreifen: Schriften zu theoretischen und empirischen Problemen
der Politikwissenschaft; Band 6
Tectum Verlag Marburg, 2007
ISBN: 978-3-8288-9393-1
Umschlagabbildung: Roswitha Zelle
© Tectum Verlag Marburg, 2007

Besuchen Sie uns im Internet
www.tectum-verlag.de

Bibliografische Informationen der Deutschen Nationalbibliothek
Die Deutsche Nationalbibliothek verzeichnet diese Publikation in der
Deutschen Nationalbibliografie; detaillierte bibliografische Angaben sind
im Internet über http://dnb.ddb.de abrufbar.

Vorwort der Herausgeber

Erfüllen politische Skandale in Demokratien dieselbe Rolle wie Schauprozesse in Diktaturen? Ist also ein Fall wie der CDU-Spendenskandal, der vor einigen Jahren die Republik erschütterte, funktional äquivalent zu den öffentlich inszenierten Verfahren, mittels denen Stalin seine politischen Gegner beseitigte?

Behauptet wird das in der Literatur, eine Überprüfung dieser gewagten Hypothese steht allerdings bislang aus. Das ist auch nicht weiter verwunderlich, denn die Untersuchung der funktionellen Äquivalenz solch komplexer Phänomene ist eine analytische und theoretische Herausforderung.

Diese Herausforderung nimmt Karl Marker an, wenn er sich in der vorliegenden Arbeit daran macht, auf der Grundlage systemtheoretischer Überlegungen zum Funktionsbegriff nach Luhmann und Merton zu analysieren, welche Voraussetzungen erfüllt sein müssen und welche Vorgehensweise angemessen wäre, um diese Hypothese zu überprüfen.

Mit diesem thematisch und inhaltlich außergewöhnlichen Beitrag schafft Marker die theoretische Basis eines Forschungsprojekts, das Politikwissenschaftler, Soziologen und Kommunikationswissenschaftler gleichermaßen begeistern und weitere Forschungsarbeiten anregen dürfte. Es ist deshalb eine große Freude, diese hervorragende Arbeit in der Reihe „Politik begreifen" veröffentlichen zu dürfen.

Mainz, im August 2007

Die Herausgeber

Vorwort des Verfassers

Dieses Buch stellt eine leicht überarbeitete Fassung meiner Magisterarbeit dar, die ich im Januar 2007 dem Fachbereich für Sozialwissenschaften, Medien und Sport der Johannes Gutenberg-Universität Mainz eingereicht habe. Ihr gutes Gelingen und ihre Veröffentlichung in der vorliegenden Form verdankt sich letztlich einer ganzen Reihe von Personen, die an dieser Stelle ausdrückliche Erwähnung finden sollen.

Mein allerherzlichster Dank gebührt zunächst meiner „Magistermutter" Prof. Dr. Ruth Zimmerling. Ihr fachkundiger Rat und ihre moralische Unterstützung waren für mich von unschätzbarem Wert. Selbst in den schwierigsten Phasen hat sie mir stets Verständnis, Hilfsbereitschaft und Zuversicht entgegengebracht, und dies mit einer Selbstverständlichkeit, die ihresgleichen sucht. Des weiteren möchte ich mich bei den Herausgebern Prof. Dr. Volker Kunz, Dr. Johannes Marx und in ganz besonderem Maße bei Dr. Annette Schmitt sehr herzlich dafür bedanken, daß sie meine Arbeit so bereitwillig in ihre Reihe aufgenommen und damit der akademischen Öffentlichkeit zugänglich gemacht haben. Dank ihnen ist der Traum vom ersten Buch wesentlich schneller als erhofft in Erfüllung gegangen. Auch meinen Eltern Dr. Hanns Friedhelm Marker und Ilse Marker bin ich zu großem Dank verpflichtet. Sie haben immer an mich geglaubt und mir den nötigen Halt gegeben – gerade dann, wenn ich sie am dringendsten brauchte. Meiner Verlobten Marie Elisabeth Roßinski danke ich für zahlreiche Gespräche über Staat, Politik und Recht, die mich zum Weiterdenken anregten, für ihre unvergleichliche Art, mich bei allzu gewagten „Höhenflügen" immer wieder auf den Boden der Tatsachen zurückzuholen sowie für ihre schier grenzenlose Geduld, die im Entstehungsprozeß dieser Arbeit oftmals arg strapaziert wurde. Last but not least bedanke ich mich bei Roswitha Zelle für ein künstlerisch wertvolles und außerordentlich gelungenes Titelbild. Sie hat einer insgesamt doch sehr abstrakten Thematik ein ebenso ein- wie ausdrucksvolles Gesicht gegeben. Trotz all der genannten und ungenannten Personen, die sich um die Entstehung dieses Buches verdient gemacht haben, ist für eventuell verbliebene Fehler und Ungenauigkeiten selbstverständlich allein der Verfasser verantwortlich.

Der geneigte Leser wird feststellen, daß die hier aufgeworfene Frage nach der funktionalen Äquivalenz von Schauprozessen und politischen Skandalen nach wie vor unbeantwortet bleibt. Sollte sich deshalb nach der Lektüre jemand dazu berufen fühlen, das hier skizzierte Forschungsprojekt selbständig weiterzuführen, so sei er hierzu ausdrücklich ermutigt.

Mainz, im Juli 2007

Karl Marker

Inhaltsverzeichnis

Abbildungsverzeichnis

1 Einleitung

1.1 Fragestellung und Erkenntnisinteresse

Ausgangspunkt des zu untersuchenden theoretischen Problems stellt die in der einschlägigen Literatur über Skandale zuweilen geäußerte Behauptung dar, Skandale besäßen signifikante Ähnlichkeiten mit Schauprozessen:

> „In diesem Sinne weisen alle Skandale totalitäre Züge auf: Sie zielen auf die Gleichschaltung aller, weil die öffentliche Abweichung einiger den Machtanspruch der Skandalierer und ihrer Anhänger in Frage stellen würde. *Die großen Skandale kann man deshalb auch als demokratische Variante von Schauprozessen betrachten.* In beiden Fällen enthält die Anklage fast immer einen wahren Kern. Das Ziel besteht jedoch in beiden Fällen nicht darin, die Angeklagten nach rechtsstaatlichen Regeln zu überführen, sondern darin, sie und mit ihnen alle, die zu ihnen stehen, zu diskreditieren und zu unterwerfen. Deshalb ruft im Skandal – anders als im Strafprozess – nichts größere Empörung hervor als die Weigerung der Angeklagten, ihre Schuld zu gestehen und die Unverfrorenheit von Nonkonformisten, sich zu den Skandalierten zu bekennen."[1]

Dieser bemerkenswerte Befund des Publizisten Hans Mathias Kepplinger deutet an, daß die beiden Phänomene offenbar einige strukturelle Gemeinsamkeiten teilen. Auch der Historiker Frank Bösch stellt eine solche Analogie fest:

> „Ob man für die NS-Zeit und für die spätere DDR von Skandalen sprechen kann, ist umstritten. Da zur Empörung eine freie Öffentlichkeit nötig ist, kann man angesichts der Medienkontrolle und der eingeschränkten Meinungsfreiheit daran zweifeln. *Vielmehr versuchten beide Diktaturen, durch Schauprozesse Empörung und Skandale künstlich herzustellen.* So wurden insbesondere im ersten Jahr der NS-Diktatur viele demokratische Politiker wegen Korruptions- und Ehebruchsvorwürfen in solchen Prozessen gedemütigt. Von Skandalen ist in den Diktaturen vielleicht nur insoweit zu sprechen, als sich kollektive Empörungen über Missstände in alltäglichen Begegnungen (Kneipen, Warteschlangen u. ä.) verbreiten konnten."[2]

Das Zitat legt eine weiterführende Vermutung nahe: Wenn nämlich diktatorische Regime, in denen nach Ansicht von Bösch politische Skandale aufgrund der Unfreiheit öffentlicher Meinungsbildung zwangsläufig unterdrückt werden, stattdessen bewußt zum Mittel des Schauprozesses greifen und dadurch tatsächlich vergleichbare Effekte erzielen, dann müßte es sich bei politischen Skandalen und

---

[1] Kepplinger 2005: S. 86 f., Herv. K.M.

[2] Bösch 2006: S. 31, Herv. K.M.

Schauprozessen um sogenannte „funktionale Äquivalente" handeln. Dieser analytische Begriff entstammt dem sozialwissenschaftlichen Funktionalismus und bezeichnet das Verhältnis von alternativen Strukturen, die als theoretisch substituierbar gelten, weil sie trotz unterschiedlichster Gestalt und Ausprägung identische Funktionen für ein bestimmtes soziales System erfüllen. Aus Sicht der politischen Theorie stellt sich damit zunächst einmal die Frage, wie diese weitreichende Annahme angemessen überprüft werden kann.

Konkret lautet die (im weiteren Verlauf stets „Äquivalenzhypothese" genannte) Vermutung, daß Schauprozesse und politische Skandale (a) zwei *verschiedenartige Strategien politischer Kommunikation* bilden, die (b) beide grundsätzlich dazu geeignet sind, *die gleichen Grundprobleme eines politischen Systems zu lösen* und die (c) für Diktaturen bzw. Demokratien jeweils *systemadäquate institutionelle Strategien* zur Lösung ebendieser Probleme darstellen. Falls sich diese Vermutung nach kritischer Überprüfung als plausibel erweisen sollte, so könnte mit ihrer Hilfe nicht nur die unterschiedliche institutionelle Reaktion von ungleichen Regimetypen auf ähnliche politische Kommunikationserfordernisse schlüssig erklärt werden. Ein solcher Befund hätte zugleich auch nicht unbedeutende Konsequenzen für die normativen Fundamente liberaler Demokratien. Andernfalls könnte zumindest eine in der Literatur offenbar implizit unterstellte These mangels Begründbarkeit falsifiziert werden.

Eine vollständige Untersuchung der Äquivalenzhypothese würde eine höchst detaillierte Funktionsanalyse der beiden Phänomene erfordern. Hierfür müßte man alle wesentlichen Aussagen über die Funktionen von Schauprozessen und politischen Skandalen, die im jeweils einschlägigen Schrifttum kursieren, zusammentragen, im einzelnen auf ihre Plausibilität hin auswerten und schließlich die verbleibenden, für hinreichend plausibel befundenen Funktionen miteinander vergleichen. Auf diese Weise ließe sich systematisch ermitteln, wo gegebenenfalls Übereinstimmungen vorliegen. Eine solche Untersuchung, die sich zum Ziel nimmt, Art und Umfang äquivalenter Funktionen möglichst erschöpfend zu bestimmen, konnte zwar, wie sich im Zuge der näheren Beschäftigung mit der Thematik alsbald herausgestellt hatte, aufgrund ihrer enormen Komplexität letztendlich nicht im Rahmen einer Magisterarbeit geleistet werden. *Was* allerdings geleistet werden konnte, ist eine ausführliche Erörterung geeigneter begrifflicher, methodischer und theoretischer Grundlagen, auf denen eine derartige Analyse basieren könnte. Dies ist Anliegen und Gegenstand der vorliegenden Arbeit, die sich daher lediglich als ein möglicher erster Ansatz zur Vorbereitung einer umfassenderen Untersuchung versteht.

Da das konkrete Ergebnis dieser vergleichenden Funktionsanalyse jedoch auch ganz entscheidend von deren Konzeption und Prämissen abhängen dürfte, erscheint es durchaus angebracht, diese Grundlagen im Vorfeld genau zu betrachten. Deshalb lautet die zentrale Fragestellung, die durch diese Arbeit beantwortet werden soll: *Auf der Basis welcher begrifflicher, methodischer und theoretischer Grundlagen kann eine abschließende Untersuchung der funktionalen Äquivalenz von politischen Skandalen in Demokratien und Schauprozessen in Diktaturen sinnvoll durchgeführt werden?* Das erklärte Ziel besteht folglich darin, die notwendigen Voraussetzungen für einen systematischen Funktionsvergleich dieser beiden Institutionen zu schaffen.

Gemäß der Äquivalenzhypothese ist der Bezugspunkt der durchzuführenden Analyse das politische System. Nach Niklas Luhmann soll darunter dasjenige gesellschaftliche Subsystem verstanden werden, das die „Kapazität zu kollektiv bindendem Entscheiden" bereithält,[3] und zwar unabhängig von seiner spezifischen Ausgestaltung als Demokratie oder Diktatur. Diese beiden Herrschaftsformen sind für die Zwecke der Untersuchung als idealtypische[4] Unterscheidung anzusehen. Schauprozessen und politischen Skandalen wird dagegen ein instrumentales Begriffsverständnis zugrundegelegt, d.h. sie sind als von angebbaren Akteuren bewußt und zielgerichtet inszenierte Prozesse zu verstehen,[5] mit denen bestimmte politische Effekte erzielt werden können bzw. sollen.

Gerade diese Eigenschaft grenzt im übrigen die Gruppe der politischen Skandale von sonstigen Skandalen ab. Denn während es sich bei Schauprozessen per definitionem um genuin politische Phänomene handelt,[6] sind Skandale (im Sinne erfolgreicher Skandalisierungsversuche) zwar grundsätzlich, aber nicht zwangsläufig auch *politisierbar*. Nicht jeder Skandal ist automatisch auch ein politischer Skandal.[7] Funktionale Äquivalente zu politischen Strukturen sind jedoch ebenfalls nur innerhalb des politischen Systems möglich.[8] Zudem interessiert sich die Politologie gemäß ihres Selbstverständnisses als thematisch exklusive Wissenschaft auch nur für *politische* Skandale, d.h. für solche, die das Gesamtgefüge kollektiv bindenden Entscheidens unmittelbar und maßgeblich beeinflussen. Skandale, die für politische Zusammenhänge nicht relevant sind, weil sie *nur* auf andere Funktionssysteme der Gesellschaft Einfluß nehmen (wie etwa reine Kultur-, Sport- oder Wirtschaftsskandale), werden somit von der Betrachtung ausgeschlossen.

---

[3]   Luhmann 2002: S. 84. Diese Definition lehnt sich relativ eng an die klassische Formel von David Easton an (siehe Easton 1965: S. 96, zit.n. Druwe 1995: S. 342), stellt im Unterschied zu jener jedoch bewußt (nur) auf die generelle *Möglichkeit* ab, verbindliche Entscheidungen treffen zu *können*. Siehe zur entsprechenden Begründung dieser Modifikation Luhmann 2002: S. 85.

[4]   Siehe zum Konzept des Idealtypus Weber 1988: S. 190-212.

[5]   Diese Betrachtungsweise ist zugegebenermaßen im Fall des politischen Skandals rein intuitiv zunächst weniger leicht einsichtig als beim Schauprozeß, da das geläufige Alltagsverständnis vom „Skandal" doch erheblich von ihr abweicht. Sie wird jedoch durch die näheren Ausführungen der Kapitel 2.1 und 5.2 detailliert begründet.

[6]   Vgl. hierzu Kapitel 2.2 in dieser Arbeit.

[7]   Anderer Ansicht etwa Hafner/Jacoby 1990: S. 391; Schmitz 1981: S. 110-112 sowie die weiteren dort genannten Autoren.

[8]   Vgl. Luhmann 2002: S. 83.

In der Gesamtschau der politikwissenschaftlichen Forschungslandschaft scheinen Skandale bislang ein vergleichsweise exotisches Beschäftigungsfeld darzustellen. Ein wesentlicher Anteil der verfügbaren und der verwendeten Literatur stammt deshalb aus verwandten Disziplinen, vornehmlich der Publizistik, der Soziologie und der Philosophie.[9] Auch haben sich innerhalb der von Interdisziplinarität regelrecht gekennzeichneten Skandalforschung bisher noch keine standardisierten Theorien herausbilden können, was angesichts der bereits beachtlichen Vielzahl von Veröffentlichungen zu dieser Thematik eigentlich verwundern mag. Dagegen muß der Forschungsstand in bezug auf Schauprozesse noch als überaus defizitär bezeichnet werden. Sozialwissenschaftliche Literatur, die sich theoriegeleitet, abstrakt bzw. phänomenologisch mit Schauprozessen auseinandersetzt, scheint zum gegenwärtigen Zeitpunkt so gut wie nicht vorhanden zu sein. Seltene Ausnahmen bilden hier lediglich knapp verfaßte Stichworteinträge in vereinzelten Fachwörterbüchern. Wenn überhaupt, so werden Schauprozesse vor allem im Rahmen historisch-deskriptiver Fallstudien ausführlicher behandelt.[10] Die vorliegende Abhandlung nimmt dabei keineswegs für sich in Anspruch, die unzweifelhaft bestehenden Forschungslücken auf diesem Gebiet schließen zu können. Vielmehr will sie ein brauchbares analytisches Grundgerüst vorschlagen, das eine vertiefte Beschäftigung mit dem hier angesprochenen Problem anregen und erleichtern soll.

1.2 Methodik und Aufbau der Argumentation

Angesichts der hier interessierenden Frage nach den begrifflichen, methodischen und theoretischen Grundlagen einer problemorientierten Funktionsanalyse bietet es sich an, die Ausführungen entsprechend dieser Unterscheidung zu gliedern.

Jede Funktionsanalyse verlangt zunächst eine möglichst umfassende Beschreibung der zu untersuchenden sozialen Phänomene.[11] Als erstes werden deshalb in Kapitel 2 die Begriffe „politischer Skandal" und „Schauprozeß" definiert sowie bezüglich ihrer jeweiligen Strukturmerkmale und Eigenschaften eingehend erläutert. Dabei gilt es vor allem zu zeigen, daß diese beiden Phänomene als zwei eigenständige, grundsätzlich *verschiedene* Strategien beschreibbar sind, derer sich politische Systeme (zur Erfüllung bestimmter Zwecke) bedienen können. Denn erst

---

[9] So vor allem die relativ umfassenden Arbeiten neueren Datums wie z.B. Kepplinger 2005, Thompson 2000 und Hondrich 2002. Auffällig ist außerdem die Tatsache, daß ein bemerkenswert hoher Anteil der Literatur über politische Skandale in den späten achtziger Jahren publiziert wurde.

[10] Siehe beispielhaft Pirker 1963, Jansen 1982, Hodos 1988, Kos 1996. Diese Feststellungen stehen in gewissem Widerspruch zu der intuitiven Einschätzung, daß Schauprozessen und Skandalen eine erhebliche politische Bedeutung beizumessen ist.

[11] Zu den inhaltlichen Anforderungen an die Beschreibung von sozialen Phänomenen, die funktionsanalytisch untersucht werden sollen, siehe Merton 1995: S. 54-59.

unter dieser Bedingung macht es überhaupt Sinn, nach der Möglichkeit ihrer funktionalen Äquivalenz zu fragen.[12]

Als zweites muß ein funktionalistischer Analyserahmen entfaltet werden. Nach einem einführenden Überblick über sozialwissenschaftlichen Funktionalismus im allgemeinen sind dazu in Kapitel 3 diverse Dimensionen des Funktionsbegriffs voneinander zu unterscheiden. Zusammengenommen bilden diese ein analytisches Vergleichsraster, das hauptsächlich zur Kategorisierung von unterstellbaren Funktionen dient, zugleich aber auch heuristischen Wert hat. Da das Konzept der funktionalen Äquivalenz für die gesamte Anlage der anvisierten Untersuchung einen Schlüsselbegriff von herausragender Bedeutung darstellt, ist hier außerdem zu klären, wie eine äquivalenzfunktionalistische Erklärung aussieht und welche Voraussetzungen erfüllt sein müssen, damit diese besondere Denkweise als Methode zur Erkenntnisgewinnung eingesetzt werden kann.

Als drittes gilt es, die *generelle* Funktionalität der betrachteten Phänomene theoretisch zu begründen. Kapitel 4 liefert die dafür nötigen Argumente. Des weiteren soll dort in einem knappen Exkurs über die Kontroverse, ob politische Skandale als positiv oder negativ systemrelevant zu interpretieren sind, eine alternative Sichtweise vorgeschlagen werden, die der vermuteten Ambivalenz von Skandalfolgen (und damit beiden Interpretationsmöglichkeiten) Rechung trägt.

Kapitel 5 behandelt die notwendigen Geltungsbedingungen der Äquivalenzhypothese. So muß zum einen überzeugend dargelegt werden können, daß ein jeweils signifikanter Zusammenhang besteht zwischen einem bestimmten Regimetyp (demokratisches bzw. diktatorisches System) und einer entsprechenden Institution (politischer Skandal bzw. Schauprozeß). Zum anderen müssen die Funktionen, die den beiden unter diesem Gesichtspunkt als äquivalent angesehenen Phänomenen zugeschrieben werden, derselben Klasse bzw. Gruppe von Systemfunktionen entstammen. Hier ist folglich zu begründen, warum beide Phänomene vor allem als politische Kommunikationsstrategien verstanden werden können. Dieser Schritt ist deswegen so bedeutsam, weil damit klar wird, welche Art von Funktionen vorwiegend diskutiert werden müßte. Vor diesem theoretischen Hintergrund würde sich die Äquivalenzhypothese schließlich als *hinreichend* begründet erweisen, falls bei der endgültigen Analyse mindestens eine kommunikative Funktion ermittelt werden könnte, die sowohl von politischen Skandalen als auch von Schauprozessen grundsätzlich erfüllbar ist.[13]

---

[12]   Einige Autoren scheinen nämlich den Schauprozeß als Sonderfall bzw. spezielle Unterform des politischen Skandals anzusehen (siehe dementsprechende Andeutungen in Klier/Stölting/Süß 1989: S. 284, Sabrow 2004: S. 14). Funktionale Äquivalenz bedeutet jedoch gerade, daß strukturell *Verschiedenartiges* gleichartige Wirkungen hervorrufen kann. Folglich mussen disjunkte Mengen vorliegen.

[13]   Zur Prüfung dieser letzten und hinreichenden Bedingung (b) könnte man etwa zunächst die charakteristischen Funktionen politischer Skandale herausarbeiten, anhand

Kapitel 6 faßt die erarbeiteten Grundlagen noch einmal stichpunktartig zusammen, zieht eine vorläufige Bilanz und wagt darüber hinaus auch eine vorsichtige Prognose dessen, was bei einer auf diesem Fundament aufgebauten Untersuchung an möglichen Resultaten erwartet werden kann.

---

des abstrakten Analyserahmens kategorisieren und daraufhin jeweils einzeln abwägen, ob und aus welchen Gründen Schauprozessen analoge Funktionen zu attestieren sind. Erst nach einem solchen systematischen Funktionsvergleich stünde endgültig fest, inwiefern die Äquivalenzhypothese als plausibel gelten kann.

2 Definition und zentrale Eigenschaften der zu untersuchenden Phänomene

2.1 Begriff und Strukturmerkmale des politischen Skandals

Zunächst eine aufschlußreiche etymologische Vorbemerkung: Das Wort „Skandal" entstammt dem altgriechischen „skandalon", womit bezeichnenderweise der Auslösemechanismus einer Tierfalle, das „Stellhölzchen", benannt wurde. Im Lateinischen erfuhr das „scandalum" einen tiefgreifenden Bedeutungswandel, dessen Resultat im Grunde bis heute erhalten geblieben ist. So gebraucht die moderne Alltagssprache „Skandal" immer noch als schlichtes Synonym für „Schande" (im Sinne von: „Das ist ja wohl ein Skandal!"), nämlich zur Kennzeichnung eines Umstands als öffentliches Ärgernis, an dem man Anstoß nimmt.[14] Sozialwissenschaftliche Skandalbegriffe sind freilich ungleich komplexer, doch spielen diese beiden ursprünglichen Assoziationen – Skandal als „Falle" bzw. „Schande", also als etwas Verhängnisvolles, das jemanden im wörtlichen oder übertragenen Sinn „zu Fall bringen" kann – natürlich auch hier eine entscheidende Rolle.

Ein Skandal ist definierbar als öffentlich ausgetragener, sich eigendynamisch entwickelnder Konflikt um die Reputation bestimmter Personen oder Institutionen des öffentlichen Lebens infolge einer ihnen angelasteten Normverletzung, welche allgemeine Empörung hervorruft.[15] Sofern in einem solchen Konflikt (auch) die Reputation von genuin *politischen* Akteuren auf dem Spiel steht, so daß ein System kollektiv bindenden Entscheidens hiervon unmittelbar und maßgeblich beeinflußt wird, soll von einem *politischen* Skandal gesprochen werden. Folglich ist die im Alltag weitverbreitete Vorstellung, daß Skandale ein eigenständiges Dasein führen und von den Massenmedien einfach nur „aufgedeckt" werden, mit der hier vorgeschlagenen Definition nicht zu vereinbaren. Ein Skandal ist also *kein* gesellschaftlicher Mißstand, der unabhängig bzw. außerhalb von kommunikativem Handeln existiert.[16] Vielmehr handelt es sich um das vorläufige Endprodukt eines komplexen Kommunikationsprozesses, in dem ein subjektiv wahrgenommener Mißstand öffentlich zu einem solchen erklärt (=„skandalisiert") wird, ein rezipierendes Publikum diese Sichtweise relativ einhellig teilt und mit spürbarer

---

[14] Vgl. zur Begriffsgeschichte Schmitz 1981: S. 12-19, Käsler et al. 1991: S. 69-85.

[15] Diese Definition stellt im wesentlichen eine Synthese aus den Skandalbegriffen von Neckel (1990: S. 5), Thompson (2000: S. 13-24, 245) und Maier (2003a: S. 136) dar.

[16] Vgl. Kepplinger/Hartung 1993: S. 5. Nach der Ontologie jeder strikt empirisch-analytischen Wissenschaft kann ein „Mißstand" als solcher schon deshalb nicht real existieren, weil es sich dabei um ein Werturteil handelt. Real existieren kann lediglich die Tatsache, *daß* jemand einen bestimmten Sachverhalt als Mißstand ansieht bzw. kommuniziert.

Empörung darauf reagiert. In diesem Sinne sind Skandale nirgendwo objektiv „vorhanden", sondern werden immer sozial konstruiert. Vereinfacht kann man vielleicht sagen, daß ein Skandal stets dann vorliegt, wenn in einer Gesellschaft weitgehend Konsens darüber besteht, *daß* ein sogenannter „Skandal"[17] vorliegt.

Anlaß und thematischer Hintergrund eines jeden Skandals ist der vermeintliche Verstoß gegen (mindestens) eine als verbindlich und bedeutsam empfundene soziale Norm. Dabei kommt es nicht darauf an, ob dieser Normverstoß auch tatsächlich begangen wurde. Häufig genügt schon ein vorschneller, ungerechtfertigter Verdacht oder die mutwillige Unterstellung eines frei erfundenen Sachverhalts, um einen Skandal zu begründen.[18] Um als untragbarer gesellschaftlicher Mißstand erkannt zu werden, bedarf die Normverletzung allerdings eines gewissen „Entrüstungspotentials". Sie muß als prinzipiell vermeidbar wahrgenommen und jemandem eindeutig zugerechnet, d.h. als vorwerfbares Fehlverhalten interpretiert werden können. Von Bedeutung sind auch die mutmaßlichen Motive für dieses Fehlverhalten: Je eigennütziger die Ziele des Normbrechers eingeschätzt werden, desto geringer ist die soziale Akzeptanz seiner angeblichen Verfehlung.[19] Unter diesen Voraussetzungen ist grundsätzlich jedes Tun, Dulden oder Unterlassen skandalisierbar, das innerhalb einer bestimmten Population als moralisch verwerflich angesehen wird.[20]

Da in unterschiedlichen Gesellschaften zu unterschiedlichen Zeiten unterschiedliche Moralvorstellungen und Werte bzw. Wertprioritäten gelten, die sich wiederum in unterschiedlichen Normen mit unterschiedlichen Verbindlichkeitsgraden niederschlagen, gibt es kein universell skandalträchtiges Verhalten. Illegitimes Devianzverhalten ist als solches stets kulturgebunden.[21] Was in einer bestimmten Gesellschaft die Grundlage eines gewaltigen Skandals bilden kann, gilt in einer anderen womöglich als völlig normal oder erregt dort zumindest kein nennenswertes öffentliches Interesse. Daher kann man mit Karl O. Hondrich durchaus von national verschiedenen „Skandalkulturen"[22] sprechen. Politische Skandale

---

[17] Hier nun wieder im alltagssprachlichen Gebrauch als „Schande" bzw. anstoßerregendes Ärgernis; man beachte die Anführungszeichen!

[18] Was jedoch nicht darüber hinwegtäuschen soll, daß anscheinend ausgesprochen viele Skandale zumindest einen wahren Kern besitzen (vgl. Kepplinger/Hartung 1993: S. 9, Kepplinger 2005: S. 88).

[19] Vgl. Kepplinger/Ehmig/Hartung 2002: S. 81 f.

[20] Vgl. Kepplinger/Hartung 1993: S. 5. King (1986: S. 175) und Thompson (2000: S. 14) geben allerdings zu bedenken, daß es sich stets um Regelverstöße „mittleren Ausmaßes" handeln müsse. Manche Normen seien schlichtweg zu unbedeutend, andere wiederum zu gravierend, um einen Skandal zu evozieren: So würde man wohl weder im Fall eines geringfügigen Verstoßes gegen die Straßenverkehrsordnung noch bei einem Massenmord von einem „Skandal" sprechen können, geschweige denn wollen.

[21] Vgl. Schmitz 1981: S. 100-102, King 1986: S. 174-176.

[22] Hondrich 1988: S. 9, zit.n. Käsler et al. 1991: S. 18.

sind natürlich in besonderem Maße abhängig von der jeweiligen politischen Kultur einer Gesellschaft. Während z.b. in Großbritannien und den USA das Sexualleben von Politikern regelmäßig mit Erfolg skandalisiert wird, scheint dies in Deutschland dagegen kaum von Belang zu sein. Im Unterschied zum angloamerikanischen Raum entwickeln sich hier aber häufig ökologische Probleme zu politischen Skandalen, ebenso wie Verstöße gegen die „political correctness" – insbesondere der fehlerhafte Umgang mit der nationalsozialistischen oder der DDR-Vergangenheit. In Italien stehen traditionell vor allem Vorwürfe der politischen Korruption und des Machtmißbrauchs im Vordergrund.[23]

Trotz aller kultureller Differenzen scheint es jedoch gerade für den politischen Bereich *besonders* skandalsensible Normen zu geben, deren Verletzung in auffällig vielen Gesellschaften geächtet ist. So unterscheidet John B. Thompson idealtypisch Sex-, Finanz- und Machtmißbrauchsaffären als die drei wichtigsten bzw. interkulturell verbreitetsten Formen, in denen sich politische Skandale manifestieren können.[24] Auf einem höheren Abstraktionsniveau vermutet Hondrich, daß sich politische Skandale vor allem dann ereignen, wenn funktional differenzierte Gesellschaften eine bewußte Überschreitung von normativen Grenzen zwischen Politik und anderen Wertsphären bzw. Teilsystemen wie Wirtschaft, Familie/ Privatleben, Recht, Religion etc. zu erkennen glauben.[25] Wenn etwa der Eindruck entsteht, daß *politische* Handlungen durch *unpolitisches* (systemfremdes) Kapital[26] wie Geld oder persönliche Beziehungen „erkauft" worden sind, politische Macht zur Befriedigung exklusiver Privatinteressen benutzt wurde, oder allgemein: daß ein politischer Akteur sich in der Ausübung seiner politischen Rolle allzu unpolitisch verhält, weil er *anderen* Rollen offenbar Vorrang einräumt, dann gilt dies – zumindest in Regimen, die auf die strikte Trennung dieser Rollen großen Wert legen, nämlich in modernen Demokratien – grundsätzlich als „skandalöser" (skandalisierungsfähiger und -würdiger) Mißstand, der dem jeweiligen politischen Akteur nach herrschender Meinung zum Vorwurf gemacht werden kann bzw. gemacht werden sollte. Die Wahrnehmung eines solchen Verhaltens dürfte in der Tat stets eine geeignete Grundlage für einen politischen Skandal bilden. Allerdings entscheidet oft auch der *situative* Kontext eines Normverstoßes darüber, ob dieser Normverstoß im konkreten Einzelfall als Mißstand gewertet und mit Skandalisierung geahndet wird oder eben nicht.[27]

---

23 Siehe zu den spezifischen Skandalkulturen der genannten Nationen u.a. King 1986, Chubb/Vannicelli 1988, Hartung/Esser 2004, Bösch 2006.

24 Siehe Thompson 2000, insb. S. 119-232.

25 Siehe Hondrich 2002. Das klassische Musterbeispiel hierfür ist politische Korruption (siehe dazu Smelser 1985, Zimmerling 2002, 2005).

26 „Kapital" im Sinne von Pierre Bourdieu (2001: S. 52 f.).

27 Das folgende Beispiel illustriert einen solchen Fall: Ein populärer Minister, der stark alkoholisiert in der Öffentlichkeit angetroffen wird, verstößt damit in aller Regel gegen

Nach den bisherigen Ausführungen ist der politische Skandal also eine institutionalisierte Konfliktform, die in mehrfacher Hinsicht kontextual gebunden ist[28] und deshalb in unzähligen Variationen auftreten und ablaufen kann. Dennoch können einige allgemeingültige Aussagen über ihre Entstehungsbedingungen und ihre strukturelle Beschaffenheit getroffen werden. So herrscht in der Literatur relative Einigkeit darüber, daß sich die Entwicklung vom Normbruch zum Skandal grundsätzlich etappenweise, d.h. in einer bestimmten Abfolge verschiedener Handlungsschritte vollzieht. Außerdem setzt die Entstehung von Skandalen notwendig eine *triadische Konstellation von beteiligten Akteuren bzw. Akteursgruppen* voraus,[29] die jeweils ganz bestimmte Rollen übernehmen: Ein spezifisches Zusammenwirken von „Skandalisierer", „Skandalisiertem" und „Skandalrezipienten" (Publikum) mündet schließlich in einen öffentlich ausgetragenen Konflikt um die Reputation des Skandalisierten – dem Skandal im eigentlichen Sinn. Die nun folgende schematische Darstellung dieses Prozesses konzentriert sich auf das Zustandekommen *politischer* Skandale, wenngleich viele der angesprochenen Aspekte sicherlich auch für Skandale im allgemeinen gelten.

Für manche Autoren stellt bereits die Normverletzung *an sich* den ersten Schritt zum Skandal dar.[30] Diese Annahme erscheint jedoch aus zwei Gründen als unplausibel: Erstens muß eine Normverletzung gar nicht zwingend begangen worden sein, damit es ihretwegen zum Skandal kommen kann.[31] Zweitens muß sie nicht unbedingt in zeitlichem Zusammenhang mit ihrer Skandalisierung stehen, also unmittelbar zuvor stattgefunden haben. Sie muß noch nicht einmal geheim gewesen sein. Oft ist ein urplötzlich skandalisierter Sachverhalt sogar schon seit

---

eine wichtige Norm, nämlich die von hochrangigen Amtsträgern generell erwartete „Vorbildfunktion" bzw. Wahrung der Amtswürde. Aufgrund seiner Beliebtheit mag dieser Verstoß aber unter Umständen noch als verzeihlicher Fehltritt („Kavaliersdelikt") und eher mit Belustigung als mit Entrüstung aufgenommen werden. Gehört besagter Minister jedoch einer Regierung an, die sich ausdrücklich dem Kampf gegen Alkoholmißbrauch verschrieben hat und sich diesem Thema zur Zeit mit höchster Priorität widmet, indem sie etwa gerade verschiedene Aufklärungskampagnen zur Trunkenheitsprävention führen läßt, so dürfte sein Verhalten sehr wahrscheinlich als „skandalöse Doppelmoral" empfunden und mit unerbittlicher Vehemenz angeprangert werden.

[28] Vgl. Käsler et al. 1991: S. 13.

[29] Vgl. ebd., Neckel 1989a: S. 58.

[30] Siehe z.B. Hondrich 2002: S. 15.

[31] Paradoxerweise räumt Hondrich diese Möglichkeit sogar ausdrücklich ein (vgl. ebd.), womit er sich strenggenommen selbst widerspricht. Denn falls die Anschuldigungen aus welchen Gründen auch immer ungerechtfertigt sind, folglich also überhaupt kein Normbruch vorliegt, kann dieser wohl kaum als „erster Schritt" zum darauffolgenden Skandal gewertet werden.

langem öffentlich bekannt.[32] Ausschlaggebend und neu ist in einem solchen Fall lediglich seine erstmalige Wertung bzw. Thematisierung als nicht (mehr) hinnehmbarer Mißstand. Um auch derartig gelagerten Fällen theoretisch gerecht zu werden, ist der erste *notwendige* Schritt zum Skandal vielmehr im Akt der Skandalisierung zu sehen – unabhängig davon, ob es sich hierbei nun um die Enthüllung realer aber bislang unbekannter Tatsachen, um die Äußerung mehr oder minder begründeter Verdachtsmomente, um ungerechtfertigte Unterstellungen oder um eine nur schwer durchschaubare Mischung aus Wahrheit, Unwahrheit und Vermutung handelt.[33] Der eigentliche Ausgangspunkt eines politischen Skandals besteht demnach darin, daß ein (im folgenden stets als „Skandalisierer" bezeichneter) Akteur einen individuellen oder kollektiven *politischen* Akteur öffentlich eines bestimmten Fehlverhaltens bezichtigt und dieses zugleich als keineswegs duldbaren, mithin empörungswürdigen Mißstand anprangert.[34] Folglich kann auch ein zunächst unpolitischer Skandal in seinem weiteren Verlauf nachträglich politisiert werden. Ein Umweltskandal, bei dem eine Fabrik ihre chemisch verunreinigten Produktionsabfälle nachweislich in fließende Gewässer abgeleitet hat, erhält spätestens dann auch eine politische Dimension, sobald sich herausstellt, daß diese unsachgemäße Entsorgung nach geltendem Recht völlig legal ist und daraufhin die Frage gestellt wird, wie die Regierung „so etwas nur zulassen" könne. Allgemein formuliert können politische Akteure, die für einen beliebigen Mißstand *mit*verantwortlich gemacht werden, ebenfalls zur Zielscheibe öffentlich erhobener Vorwürfe geraten, falls aus dem skandalisierten Sachverhalt ein *eigenständiges* Fehlverhalten ihrerseits[35] abgeleitet und angeprangert wird. Wohlgemerkt ist eine derartige Entwicklung zum Politikum zwar generell möglich, aber keineswegs zwangsläufig.

In modernen Gesellschaften obliegt die Rolle des Skandalisierers in erster Linie den Massenmedien.[36] Diese besitzen schon allein aufgrund des tendenziell hohen

---

[32] Vgl. mit Beispielen Kepplinger 2005: S. 63 f. Dieser empirische Befund widerlegt die weitverbreitete theoretische Annahme, daß die logische Voraussetzung eines politischen Skandals stets die Enthüllung eines Geheimnisses sei (so bspw. Neckel 1989a: S. 59).

[33] Letzteres ist allem Anschein nach offenbar der häufigste Fall (siehe Kepplinger 2005).

[34] Eine ähnliche Auffassung vertritt Thompson (2000: S. 75 f.).

[35] Im Beispielfall etwa mangelnde umweltpolitische Weitsicht, konkretisiert im Vorwurf gesetzgeberischer oder administrativer Untätigkeit (Nichterlassen einer präventiven Verbotsregelung).

[36] In vormodernen Gesellschaften hat sich der Skandal dagegen hauptsächlich durch Mund-zu-Mund-Propaganda, also durch Klatsch und Gerüchte verbreitet. Diesem Umstand Rechung tragend unterscheidet Thompson zwischen sog. „localized" und „mediated scandals" als traditionale bzw. moderne Form (vgl. Thompson 2000: 25-28, 61-71; siehe auch Gluckman 1989).

Nachrichtenwertes ein intrinsisches Eigeninteresse an der Erzeugung und Verbreitung politischer Skandale, die sich

> „gemessen an den von den Nachrichtenfaktoren geforderten Eigenschaften – durch ein besonders hohes Maß an Medientauglichkeit auszeichnen: So etwa sind politische Skandale zumeist Ereignisse, die außergewöhnlich, bedeutsam, überraschend, auf Eliten oder Prominenz bezogen, personalisierbar und vom Inhalt her eindeutig negativ sind."[37]

Politische Skandale lassen sich jedoch nicht nur äußerst gut vermarkten, sondern bieten medialen Akteuren darüber hinaus auch eine willkommene Möglichkeit zur Bestätigung und effektiven Außendarstellung ihres berufstypischen Selbstverständnisses als „Aufklärer", „Kontrollinstanz" bzw. „vierte Gewalt" im Staat. Beide Anreize – hoher Publikationswert und Profilierungspotential – fördern sowohl die eigene Skandalisierungsneigung als auch inhaltsgleiche Übernahmen von Skandalisierungsinitiativen *anderer* Medien. Vor dem Hintergrund des massiven Wettbewerbs im medialen Alltagsgeschäft und der im Journalismus ohnehin stark ausgeprägten Konkurrenzorientierung führt dies regelmäßig dazu, daß skandalisierende Meldungen sich innerhalb kürzester Zeit lauffeuerartig verbreiten, wobei die Anprangerung des Mißstands recht bald zum relativ einheitlichen Tenor der Berichterstattung wird (Konsensbildung).[38]

Neben den Journalisten tritt oft noch eine zweite Kategorie von Akteuren als Skandalisierer in Erscheinung: die politischen Gegner des Skandalisierten. Hierzu zählen naturgemäß vor allem Mitglieder und Sympathisanten anderer Parteien bzw. politischer Lager (inklusive systemoppositioneller Gruppierungen), seltener auch unmittelbare Rivalen aus der eigenen Partei.[39] Angehörige dieser Personengruppen dienen nicht nur den Medien als heimliche Informanten, sondern starten auch häufig eigene Skandalisierungsinitiativen, bei denen sie sich selbst als originäre Ankläger hervortun. Im Unterschied zu den Medien handeln sie dabei vorwiegend aus *politischem* Eigennutz, nämlich um dem Skandalisierten Schaden zuzufügen und dadurch politische Vorteile zu erlangen.[40] Denn machtpolitischer Wettstreit wird gemeinhin als Nullsummenspiel aufgefaßt: Alles, was dem jeweiligen Gegner schadet, erscheint zugleich als Stärkung der eigenen Position. Durch

---

[37] Maier 2003b: S. 4.

[38] Vgl. Thompson 2000: S. 77-84, Kepplinger 2005: S. 45-55. Siehe zur Konsensbildung beispielhaft Eps/Hartung/Dahlem 1996.

[39] Vgl. Esser/Hartung 2004: S. 1044 f. In einer freien Gesellschaft kann sich zwar prinzipiell jeder als Skandalisierer betätigen. Medien und politische Gegner sind jedoch die mit Abstand typischsten und häufigsten Initiatoren politischer Skandale (vgl. ebd.).

[40] Natürlich mag auch die von Journalisten initiierte Skandalisierung bisweilen politisch motiviert sein, zumal die beiden Akteurskategorien grundsätzlich nicht überschneidungsfrei sind. Hier geht es jedoch vorrangig um die jeweils *akteurspezifische* Motivlage. *Generell* kann z.B. auch bloß schiere Wut über das wahrgenommene Fehlverhalten der ausschlaggebende Grund für die Skandalisierung sein (vgl. ebd.).

erfolgreiche Skandalisierung der Konkurrenz kann überdies ein politisch nutzbares „Moralgefälle" gezeichnet werden, gemäß der Devise: „Im Gegensatz zur X-Partei haben *wir* uns nichts dergleichen zuschulden kommen lassen!". Je nach konkretem Verlauf der weiteren Ereignisse *muß* der Skandalisierer zwar im Endeffekt nicht unbedingt von der Skandalisierung profitieren.[41] Als Anreiz genügt jedoch bereits, daß ihm dies momentan als aussichtsreiche Möglichkeit erscheint. Jeder nichtmediale Akteur, der einen Skandal erzeugen will, ist dabei allerdings auf die Unterstützung der Massenmedien angewiesen, die seine Anschuldigungen erst aufgreifen und publik machen müssen. Hierbei nehmen die Medien oftmals eine Doppelrolle wahr, indem sie einerseits als Berichterstatter, gleichzeitig aber auch als (sekundäre) Skandalisierer fungieren.[42]

Indem ein Skandalisierer einen bestimmten politischen Akteur öffentlich denunziert, zwingt er diesem die Rolle des „Skandalisierten" auf. Da „skandalöse" Normverstöße typischerweise auf *individuellem* (Fehl-)Verhalten beruhen[43] bzw. auf solches zurückgeführt werden, finden sich überwiegend Einzelpersonen in diese mißliche Lage versetzt. Gleichwohl kann auch ein kollektiver Akteur zum Skandalisierten werden, wenn die Verfehlung einem Kollektiv als ganzem angelastet wird (etwa der „unerhörte" Mehrheitsbeschluß eines Gremiums). Politische Akteure erweisen sich im allgemeinen als *besonders* skandalisierungsgefährdet. Erstens verfügen sie über einen hohen Bekanntheitsgrad und stehen quasi permanent unter öffentlicher Beobachtung, so daß eventuelle Regelverstöße ihrerseits relativ schnell sichtbar (gemacht) werden. Zweitens werden regelmäßig widersprüchliche Verhaltenserwartungen an sie adressiert, deren gleichzeitige Befolgung grundsätzlich problematisch ist.[44] Drittens wird Politikern, die als Amts- und Mandatsträger höchst privilegierte Machtpositionen innehaben, aber auch politischen Institutionen wie etwa Parteien, aufgrund ihrer elitären gesellschaftlichen Stellung bzw. ihrer hieraus abgeleiteten Verantwortung für gewöhnlich eine außerordentlich penible Einhaltung sozialer Normen abverlangt.[45] „Wer in die Politik eintritt, verpflichtet sich stillschweigend, bestimmte Handlungen zu unterlassen, die mit seiner Würde unvereinbar sind, sonst droht ein Skandal."[46] Diese anspruchsvolle Erwartungshaltung der Gesellschaft gilt insbesondere in bezug auf die Beachtung von *Rechts*normen durch ihre politische Elite. Für Repräsentanten desjenigen Systems, das für den Erlaß von Rechtsvorschriften ureigenst

---

[41]   Vgl. Hondrich 2002: S. 62.

[42]   Vgl. Kepplinger 2005: S. 27 f., Kepplinger/Ehmig/Hartung 2002: S. 45.

[43]   Vgl. King 1986: S. 195.

[44]   Vgl. Neckel 2005: S. 104 f. So z.B. eine intensive Kontaktpflege zu gesellschaftlichen Interessenverbänden und genügende Beachtung ihrer Anliegen einerseits, andererseits aber Wahrung einer ausreichenden Distanz zu den Lobbyisten.

[45]   Vgl. Hondrich 2002: S. 25, Schmitz 1981: S. 98-100.

[46]   Bourdieu 2001: S. 42.

zuständig ist, bildet gleichsam jeglicher Verdacht auf eine vorsätzliche oder auch nur fahrlässige Rechtsverletzung ein erhebliches Skandalrisiko – birgt dies doch immer den besonderen Ruch, nicht einmal selbstformulierten (oder zumindest zurechenbaren) Ansprüchen gerecht zu werden bzw. gerade solche Werte und Regeln zu verletzen, für deren Geltung man eigentlich steht.[47]

Auf dem Skandalisierten lastet nun stets ein enormer Erwartungsdruck, zu den Vorwürfen öffentlich Stellung zu nehmen. Hüllt er sich dennoch in Stillschweigen, so kann ihm dies als konkludentes Schuldeingeständnis oder sogar als erneuter Normverstoß ausgelegt werden, was seine ohnehin schwierige Situation zumeist noch verschlimmern dürfte. Neben dieser äußerst seltenen[48] – weil wenig ratsamen – Reaktion, einfach *keine* Reaktion zu zeigen, verbleiben ihm zunächst die folgenden Handlungsoptionen: Er kann das ihm vorgeworfene Fehlverhalten als solches einräumen und sich reumütig dafür verantworten (Bekenntnis); des weiteren kann er den Normverstoß – etwa durch Verweis auf die Verfolgung moralisch höherwertiger Ziele – rechtfertigen bzw. dessen Brisanz herunterspielen (Relativierung); schließlich kann er die Existenz des Sachverhalts gänzlich bestreiten oder aber zumindest leugnen, *selbst* etwas mit diesem zu tun zu haben (Dementi). Im ersten und zweiten Fall hofft der Skandalisierte auf Nachsicht, im dritten darauf, daß das öffentliche Interesse an der Affäre bald abklingen möge. Gerade beim Dementi tritt jedoch nur allzu häufig das genaue Gegenteil ein, da die entschiedene Zurückweisung der Vorwürfe die Sichtweise des Skandalisierers in Frage stellt und daher diesen nur noch mehr dazu anspornt, seine Anklage mit weiteren Begründungen zu untermauern.[49] Eine ergänzende Verteidigungsstrategie kann deshalb darin bestehen, dem Skandalisierer unlautere (z.B. rein machtpolitische) Absichten zu unterstellen, in der vagen Hoffnung, daß dessen Glaubwürdigkeit hiervon beeinträchtigt werde.

Als zweiter Schritt zum politischen Skandal muß eine spontane und emotionale Reaktion des „Publikums" erfolgen: Nur wenn ein für die öffentliche Meinungsbildung maßgeblicher Teil der Gesellschaft[50] die Vorwürfe des Skandalisierers

---

[47]   Siehe zur besonderen Relevanz der Wahrnehmung doppelmoralischen Verhaltens für politische Skandale Münkler 1989: S. 123 f., Neckel 1989a: S. 62-66, Thompson 2001: S. 16, Neckel 2005: S. 105.

[48]   Aus einer empirischen Untersuchung von Geiger/Steinbach (1996: S. 131) geht hervor, daß lediglich in zwei von 108 beobachteten Fällen keinerlei Reaktion von Seiten der Skandalisierten erfolgte.

[49]   Vgl. Hartung/Esser 2004: S. 1045. Der Skandalisierer hat sich mit der Skandalisierung öffentlich auf eine bestimmte Sichtweise festgelegt, von der er nicht mehr ohne weiteres, d.h. vor allem, nicht ohne eigenen Gesichtsverlust befürchten zu müssen, wieder abrücken kann.

[50]   Genauer: der jeweils relevanten „Referenzöffentlichkeit" (Bredow 1992: S. 200), denn politische Skandale können von lokaler, regionaler, nationaler oder internationaler Tragweite sein. Zu beachten ist, daß „für das erfolgreiche Betreiben eines Skandals die

wahrnimmt, für glaubwürdig hält, die angeprangerte Normverletzung gleichfalls als akuten Mißstand ansieht und sich infolgedessen nachhaltig über den Skandalisierten empört, ist der Skandalisierungsversuch gelungen. Keine dieser Bedingungen ist selbstverständlich. Kollektive Empörung des Publikums läßt sich zwar durch besonders einseitige, polemische und dramatisierte Darstellung des Sachverhalts[51] gezielt provozieren, aber keinesfalls erzwingen. Bemerkenswert ist auch:

> „Zwischen der Größe eines Missstandes und der Größe eines Skandals besteht keine lineare Beziehung. *Entscheidend für die Größe eines Skandals ist nicht die Größe des Missstandes, sondern die Intensität seiner Skandalisierung.* Ein großer Skandal ist ein Missstand, den viele Menschen für einen Skandal halten, und sie halten ihn für einen Skandal, weil alle meinungsbildenden Medien ihn immer wieder als solchen präsentieren. [...] Deshalb kann man weder von der Häufigkeit und Größe der Skandale auf die Häufigkeit und Größe der Missstände schließen, noch umgekehrt."[52]

So kann schon der geringfügigste Fehltritt eines politischen Akteurs eine unverhältnismäßig starke Erregung der Öffentlichkeit bewirken, wenn er nur intensiv genug angeprangert wird. Ebensogut kann allgemeine Entrüstung jedoch selbst bei schwerwiegendsten Verfehlungen ausbleiben, wenn die Medien zu wenig oder zu sachlich darüber berichten. Da die jeweilige Reaktion des Publikums außerdem noch von zahllosen anderen Faktoren abhängen dürfte (z.B. seiner generellen Sympathie für den Skandalisierten, seiner etwaigen Wahrnehmung aktuell dringlicherer Probleme[53] usw.), ist sie niemals wirklich vorhersehbar.[54] Für Skandalisierung gibt es also grundsätzlich keine „Erfolgsgarantie". Nur ein Bruchteil aller unternommenen Skandalisierungsversuche trifft auch tatsächlich auf entsprechende Resonanz. Hierfür ist in jedem Fall entscheidend, daß der angeprangerte Mißstand in der momentanen Situation das Anstandsgefühl sehr vieler Zuschauer zugleich verletzt und auf diese Weise ein signifikant negatives Meinungsklima gegen den Skandalisierten entsteht. Der absolute Geltungsanspruch der angeblich verletzten Norm führt zusammen mit der scheinbaren Gewißheit über ihre schuldhafte Verletzung dazu, daß jedwede Meinungsäußerung, die von der vorherrschenden Überzeugung, der politische Akteur habe sich extrem unmoralisch verhalten, *abweicht*, zunehmend rechtfertigungsbedürftig wird, wenn nicht sogar offene Mißbilligung erfährt.[55] Die überwiegende Mehrheit des durch die

---

	Resonanz in einer Minderheit des potentiellen Publikums durchaus ausreichend sein kann" (Nick/Sickinger 1989: S. 127).
51	Siehe zu der bei Skandalisierungen üblicherweise gebräuchlichen Rhetorik Schraewer 2003, Kepplinger/Ehmig/Hartung 2002: S. 143-155, Kepplinger 2005: S. 36-44.
52	Kepplinger 2005: S. 73, 63, Herv. K.M. Vgl. ebenso Williams 1998: S. 2.
53	Vgl. Bredow 1992: S. 198.
54	Vgl. Bösch 2006: S. 32.
55	Siehe Kepplinger 2005: S. 20-26, 83 f.

Skandalmeldung moralisch mobilisierten Publikums glaubt nämlich vorbehaltlos an die exklusive Schuld des Skandalisierten – häufig wohl schon einfach deshalb, weil sie daran glauben *will*.[56]

Zum endgültigen Ausbruch des politischen Skandals kommt es jedoch nur dann, wenn die weithin geteilte Empörung nicht nur in privaten Gesprächen, sondern auch *öffentlich* zum Ausdruck gebracht wird.[57] Dieser finale Schritt vollzieht sich, indem immer mehr unbeteiligte Dritte aus den Reihen des Publikums ihre bisherige Rolle als passive Beobachter aufgeben und den politischen Akteur ob seines „skandalösen" Verhaltens nun ebenfalls öffentlich verurteilen.[58] Erst durch solche Rückmeldungen aus dem Publikum erlangt die gesellschaftliche Empörung eine gewisse Publizität, die erforderlich ist, damit sie überhaupt wahrgenommen wird. Nur allgemein *spürbare* Empörung signalisiert den Erfolg der Skandalisierung und das öffentliche Interesse an einer gründlichen Aufarbeitung der Affäre, welche nun definitiv nicht mehr vermieden werden kann.

Damit gerät der politische Akteur sowohl zum Gegenstand als auch zum unfreiwilligen Teilnehmer einer öffentlich geführten Auseinandersetzung,[59] in der er sich gegen eine breite Front von Empörten behaupten muß, die lautstark Aufklärung und Konsequenzen des jeweiligen Mißstands fordert. Er sieht sich nunmehr dem Zwang ausgesetzt, wie auch immer geartete Maßnahmen zu seiner Ehrenrettung oder zur Schadensbegrenzung zu ergreifen. Die Natur des Skandals als sozialer Konflikt offenbart sich im Stadium seiner Eskalation: Die Anhänger des Skandalisierers stellen den Ruf des Skandalisierten nicht bloß in Frage, sondern sie arbeiten aktiv und willentlich an dessen *Zerstörung*, während der Skandalisierte verzweifelt um die *Erhaltung* seines Ansehens kämpft.[60] Geht der Skandalisierte aus diesem Konflikt als klarer Verlierer hervor, so kann er zwar auch noch auf ganz andere Weise Schaden davontragen. Abhängig von Art und Hintergrund der

---

[56] Zur Aufregung über gesellschaftliche Mißstände als Lusterfahrung siehe Hondrich (2002: S. 24-28) sowie Laermann (1984: S. 163 f.), der diese bizarre Lust mit Neid (auf den Status des Mächtigen), Voyeurismus, Schadenfreude und Selbstgerechtigkeit des Publikums erklärt.

[57] Vgl. Thompson 2000: S. 20-22.

[58] In allererster Linie natürlich Medienvertreter und Politiker, die über freien Zugriff auf Massenkommunikationsmittel verfügen und für sich in Anspruch nehmen, im Namen der Allgemeinheit zu sprechen. Doch auch der Normalbürger kann seine Entrüstung öffentlich kundtun, etwa durch das Schreiben von Leser- und Protestbriefen, Beteiligung an Demonstrationen, Unmutsäußerungen in Meinungsumfragen etc.

[59] Mögliche Foren dieser Auseinandersetzung sind die Schlagzeilen, Pressekonferenzen, Parlamentsdebatten, Gerichtsverfahren etc. Im politischen System Deutschlands sticht insbesondere der parlamentarische Untersuchungsausschuß als institutionelle Arena hervor, in der politische Skandale ausgetragen werden (vgl. Germis 1988).

[60] Vordergründig ringen beide Parteien natürlich um die „korrekte" Deutung des skandalösen Sachverhalts (vgl. Bösch 2006: S. 26).

Affäre mag ihm seine Niederlage beispielsweise auch den Verlust von Geld, Glaubwürdigkeit, persönlichen Beziehungen, Autorität oder gar rechtliche Sanktionen bescheren. Doch das, was ausnahmslos *jeder* Skandal ganz erheblich beschädigen und gegebenenfalls sogar komplett zerstören kann, ist die *Reputation* desjenigen, der ihm zum Opfer fällt.[61]

Für politische Akteure stellt Reputation eine äußerst kostbare, fast schon überlebenswichtige Ressource dar. Sie ist als eine Art symbolisches Kapital zu verstehen, das durch die wertschätzende Anerkennung sehr vieler Anderer, also durch Zuschreibung (von positiven Charaktereigenschaften) erworben wird. Reputation garantiert Einfluß und Unterstützung. Sie privilegiert zum Erhalt von Machtpositionen und trägt enorm zur Legitimation konkreter Machtausübung bei, weshalb sie im politischen Tagesgeschäft nahezu unentbehrlich ist. Allerdings handelt es sich zugleich um eine extrem fragile Größe, die sich zwar nur langsam und mühevoll aufbauen läßt, aber ungemein schnell verloren gehen und noch sehr viel schwieriger (wenn überhaupt jemals) wieder *zurück*gewonnen werden kann.[62] Sie ist besonders leicht angreifbar durch die plötzliche „Enthüllung" einer krassen Unmoral, mit der eigentlich niemand gerechnet hätte.[63] Dann nämlich erhalten beliebige Akteure sowohl Gelegenheit als auch einen Grund zur Anfechtung der Reputation – mit dem einheitlichen Ziel, daß diese ihrem bisherigen Träger aberkannt werde. Darum ist ein Skandal geradezu prädestiniert, die Reputation eines bestimmten Akteurs für gewisse Zeit oder auch dauerhaft zu ruinieren.[64]

In der Politik haben massive Reputationseinbußen für die Betroffenen üblicherweise besonders schwerwiegende Folgen.[65] Denn stärker noch als die hohe Reputation eines Akteurs ihn (in den Augen anderer) für politische Ämter qualifiziert *disqualifiziert* ihn ihr unvermittelter Verlust. Unter Umständen kann die „Schande", die nun auf ihm lastet, groß genug sein, um ihn zum Rücktritt zu zwingen

---

[61] Vgl. u.a. King 1986: S. 175, Williams 1998: S. 6.

[62] Vgl. Thompson 2000: S. 102 f., 245-251.

[63] „Der Überraschungs- und Ärgernis-Effekt ist umgekehrt proportional zu der Wahrscheinlichkeit, mit der man das entsprechende Ereignis erwarten konnte." (Winkler 1968: S. 5).

[64] Natürlich muß man – im wahrsten Sinne des Wortes – auch einen gewissen Ruf zu verlieren haben, damit die für den Skandal notwendige „Fallhöhe" (Enzensberger 1983: S. 46, zit.n. Neckel 1989a: S. 77) gewährleistet ist. Logischerweise immunisiert ein totaler Mangel an Reputation gegen ihren Verlust. Gegen jemanden, der über keinerlei Bekanntheitsgrad verfügt oder bereits einen ausgesprochen *schlechten* Ruf besitzt, bricht kein Skandal aus.

[65] Daß Reputationsverluste notwendigerweise negativ sind, gilt jedoch nicht unbedingt für alle Gesellschaftssysteme gleichermaßen. So ist es durchaus vorstellbar, daß ein avantgardistischer Künstler, der durch sein moralisch hochumstrittenes Schatten gezielt provozieren und die Gemüter der Gesellschaft erregen will, von (s)einem Ruf als „Skandalnudel" langfristig profitiert.

und somit seine politische Karriere beenden. Womöglich droht ihm sonst ein noch peinlicheres Amtsenthebungsverfahren wegen ungebührlichen Verhaltens. Doch auch in weniger drastischen Fällen kann die Karriere des Skandalisierten durch seinen Reputationsverlust nachhaltig beeinträchtigt werden. Politische Skandale ziehen in aller Regel einen Absturz von Popularitäts- bzw. Sympathiewerten nach sich, was wiederum stark verminderte Chancen bei Wahlen jeglicher Art bedeutet.[66] Zudem steht der Skandalisierte – jedenfalls mittelfristig – unter verschärfter Beobachtung und Beurteilung der Öffentlichkeit,[67] was seinen politischen Handlungsspielraum natürlich stark beschränkt.

Neben seiner grundlegenden Eigenschaft als potentieller Reputationsvernichter besteht ein weiteres Wesensmerkmal des politischen Skandals darin, daß es für den Skandalisierten ungleich wahrscheinlicher ist, diesen Konflikt zu verlieren als zu gewinnen. Nur äußerst selten geht ein politischer Akteur gänzlich unbeschadet oder gar gestärkt[68] aus ihm hervor. Die wichtigsten Gründe für diese strukturelle Asymmetrie der Siegchancen scheinen die vier folgenden zu sein:

Ein relativ banaler, aber nichtsdestoweniger sehr bedeutender Grund ist darin zu sehen, daß der skandalisierte politische Akteur in dieser für ihn ausgesprochen strapaziösen Risiko- und Hochkostensituation zu *falschem Handeln* neigt. Streßbedingter Trotz und Panik[69] verleiten ihn oftmals dazu, taktisch unkluge Fehler zu begehen, also ausgerechnet mit solchen Handlungen auf den Druck zu reagieren, die seine ohnehin geringen Erfolgsaussichten zusätzlich schmälern. Nicht selten läßt er sich aus Furcht vor Sanktionen zu weiteren Normverletzungen hinreißen – beispielsweise dazu, einen zur Aufklärung der Affäre einberufenen parlamentarischen Untersuchungsausschuß zu belügen. Wird ein solcher Vertuschungsversuch wiederum aufgedeckt, so bildet er unweigerlich die Grundlage eines erneu-

---

[66] Siehe bspw. den Einbruch der CDU-Wahlabsicht infolge des Parteispendenskandals in Maier 2003a, Pappi/Shikano/Bytzek 2004.

[67] Vgl. Schmitz 1981: S. 105-107. Schmitz merkt außerdem an, politische Akteure könnten aufgrund ihres Machtpotentials den Verlust ihres Amtes gegebenenfalls selbst verhindern.

[68] Daß der Skandalisierte vom eigenen Skandal am Ende sogar noch profitiert, ist etwa dann anzunehmen, wenn er die Vorwürfe des Skandalisierers glaubhaft widerlegen und diesem niedere Beweggründe für seine Behauptungen anhängen kann. Dies würde es dem Skandalisierten nicht nur erlauben, sich als unschuldiges Opfer einer Rufmordkampagne zu präsentieren und sich dadurch die Solidarität des Publikums zu sichern, sondern auch, den „Spieß" einfach umzudrehen und nun seinerseits den ehemaligen Skandalisierer zu skandalisieren (vgl. Hitzler 1989: S. 336).

[69] Vgl. Kepplinger 2005: S. 88-113. Das Aufkommen derartiger Gefühle hat vor allem damit zu tun, daß sich der Skandalisierte selbst in aller Regel als Opfer ansieht, wofür er jedoch kaum Verständnis geschweige denn Mitleid erwarten kann. Da er bereits eindeutig als (Übel-)Täter identifiziert (bzw. abgestempelt) worden ist, kann er in den Augen der empörten Öffentlichkeit nicht gleichzeitig auch Opfer sein („Täter-Opfer-Rolleninkonsistenz", ebd.: S. 102).

ten Skandals, dessen Folgen für den Skandalisierten noch weitaus schlimmer sein können als es die der ursprünglich angeprangerten Verfehlung gewesen wären.[70] Ein zweiter Grund ist die tendenziell stark *gehemmte Unterstützungsbereitschaft* des eigenen politischen Lagers. Parteifreunde und Amtskollegen, die sich öffentlich für den Skandalisierten einsetzen, gefährden dabei stets auch ihre eigene Reputation.[71] Viele werden sich daher im Zweifelsfall lieber ausdrücklich von ihm distanzieren, um am Ende nicht gar noch selbst in Verruf zu geraten. Ohne ausreichende Rückendeckung durch sein unmittelbares politisches Umfeld ist der Skandalisierte jedoch weitgehend isoliert und somit gezwungen, den Konflikt mehr oder weniger im Alleingang zu bestreiten, was fast immer zu seiner Niederlage führt.[72] Auch politische Institutionen wie Parteien oder Regierungen müssen eventuell beträchtliche Imageschäden befürchten, wenn sie an Mitgliedern festhalten, die in einen Skandal verwickelt (worden) sind.[73] Aus dem Bewußtsein dessen entsteht häufig ein interner Disput darüber, ob der betreffende Politiker für die Institution überhaupt noch „tragbar" ist. Dies kann schnell dazu führen, daß man das vermeintlich kleinere Übel wählt, also den Skandalisierten vorsorglich fallenläßt und ihm seinen „freiwilligen" Rück- bzw. Austritt nahelegt. Der Skandal sorgt dafür, daß ein (aufgrund langfristig bestehender Loyalitäts- und Solidaritätsbeziehungen) ansonsten eher unwahrscheinlicher Entzug von Unterstützung schlagartig möglich und wahrscheinlich wird.

Hiermit eng verbunden ist ein weiterer Grund, weshalb sich der Skandalisierte stets in einer denkbar ungünstigen Position befindet. Der politische Skandal beruht darauf, daß ein bestimmter Sachverhalt erfolgreich als politischer Skandal *definiert* worden ist,[74] d.h. „auf der Etablierung einer dominierenden Sichtweise, der man zumindest in der Öffentlichkeit nicht [ohne weiteres] widersprechen kann."[75] Der Skandalisierer hat also bereits die Deutungshoheit über den jeweiligen Sachverhalt erlangt. *Seine* Sichtweise wird von der Masse des Publikums — einer vermeintlichen oder tatsächlichen Mehrheit — für richtig befunden. Dadurch erzeugt sie einen beträchtlichen Konformitätsdruck. Jeder, der sich *anderweitig* zum Sachverhalt äußert — und sei es auch nur als Versuch zur Beschwichti-

---

70   Siehe zum hiermit angesprochenen Phänomen der sog. „second order transgressions" Thompson 2000: S. 17 f., 24.

71   Vgl. Kepplinger/Hartung 1993: S. 8, Esser/Hartung 2004: S. 1046.

72   Vgl. Geiger/Steinbach 1996: S. 128 f., 132. Nach den empirischen Befunden dieser Studie ist die Unterstützung seines eigenen politischen Lagers ein ganz wesentlicher Faktor für das politische Überleben des Skandalisierten.

73   Deswegen sondieren mittlerweile viele Parteien ihre potentiellen Kandidaten auch nach deren „Skandalrisiko" (vgl. Thompson 2000: S. 117).

74   Vgl. Hitzler 1989: S. 334.

75   Kepplinger/Ehmig/Hartung 2002: S. 95, Erg. K.M. Siehe ebenfalls Kepplinger 2005: S. 27-35.

gung der allseits erregten Gemüter gedacht – läuft grundsätzlich Gefahr, als advocatus diaboli geächtet zu werden, der die Dreistigkeit besitzt, einen (scheinbar) offensichtlichen Übeltäter vor dem berechtigten Zorn des Publikums auch noch in Schutz nehmen zu wollen.[76] Weil Skandale sehr stark emotionalisieren, finden rationale Argumente im öffentlichen Diskurs kaum noch Gehör. Unter diesen Umständen kann sich natürlich so gut wie nie ein annähernd gleichstarkes Lager herausbilden, das im Konflikt *für* den Skandalisierten Partei ergreift. Zudem hat das gegnerische Lager schon so viel in den Skandal investiert, daß ihm sehr daran gelegen ist, sein einmal etabliertes Bild vom Skandalisierten als Übeltäter um jeden Preis aufrechtzuerhalten. „Erweist sich im Skandal die zentrale Behauptung als falsch, wird [eben] auf andere Sachverhalte verwiesen, die das Verhalten der Angeprangerten skandalös erscheinen lassen."[77] Mit anderen Worten kann der Skandalisierte selbst dann, wenn der ursprüngliche Vorwurf längst entkräftet ist, auch weiterhin im Kreuzfeuer der Kritik stehen. Geeignete Gründe zur Fortführung der Anprangerung über ihren eigentlichen Anlaß hinaus sind gerade im hochgradig kompetitiven Feld der Politik bei Bedarf immer schnell gefunden. In dieser *apodiktischen Verteidigung eines etablierten Interpretationsschemas* durch eine absolut überzeugte Mehrheit, die Widerspruch rigoros abstraft und sich auch von Fakten nicht beirren läßt, findet sich das eingangs erwähnte Sinnbild vom Skandal als einer „Falle" wieder, aus der es kein Entrinnen mehr gibt.

Schließlich trägt der Skandalisierte das Risiko einer Bemakelung durch den Skandal *selbst*. Allein der Verdacht, daß er eine moralisch verbindliche Norm verletzt haben *könnte*, allein die Zumutung an die Gesellschaft, sich deshalb wieder einmal mit einer äußerst „schmutzigen" (sozial unerwünschten) Angelegenheit beschäftigen zu müssen, mag seiner Reputation bereits Schaden zufügen.[78] So ist etwa davon auszugehen, daß ein politischer Akteur, der mehrere Skandale erfolgreich durchgestanden hat, wegen ihrer allmählichen Häufung dennoch langsam aber sicher in Verruf geraten wird: „Throw enough mud, the old proverb reminds us, and some of it will stick".[79] Eine schleichende Rufschädigung durch zwar nachweislich ungerechtfertigte, aber immer wiederkehrende Anschuldigungen läßt sich paradoxerweise kaum verhindern. Selbst Rechtsmittel wie Klagen auf Unter-

---

[76] Im Sinne von: „Wie kann man bloß eine solche Person auch noch verteidigen?" bzw. „…ein derartiges Verhalten auch noch entschuldigen oder verharmlosen?"

[77] Kepplinger 2005: S. 140, Erg. K.M. Dies kann natürlich bewußt aus dem politischen Motiv heraus geschehen, den Skandalisierten unbedingt „fertigmachen" zu wollen, möglicherweise aber auch zur Vermeidung von kognitiver Dissonanz (siehe hierzu Festinger 1957).

[78] Dies meint wohl auch Popitz (1968: S. 14) wenn er sagt: „Skandalös ist weniger der Normbruch als der Skandal." Unter diesem Gesichtspunkt ist wohl auch Laermann rechtzugeben, der behauptet, daß der Skandal *als Druckmittel* durch die bloße Skandaldrohung ersetzbar sei (vgl. Laermann 1984: S. 176).

[79] Thompson 2000: S. 94.

lassung, Widerruf, Gegendarstellung oder Schadensersatz können sich als praktisch nutzlos erweisen,[80] wenn das Publikum ein Vorurteil unbedingt bestätigt sehen will oder dem naiven Glauben erliegt, spätestens jetzt müsse „aber wohl wirklich irgend etwas dran sein!". Oft wirkt der Skandal an sich schon stigmatisierend, weil ein *gewisser Ruch fast immer zurückbleibt.*

Obwohl politische Skandale von höchst unterschiedlicher Dauer sind – sie können sich über wenige Tage, zuweilen aber auch über viele Monate hinziehen –, enden sie alle ebenso plötzlich und unerwartet wie sie begonnen haben.[81] Da die Empörungsfähigkeit einer Gesellschaft natürliche Grenzen hat,[82] erlischt irgendwann auch das Interesse der Medien, noch weiter über den Skandal zu berichten. Mit einem vorweisbaren Ergebnis (z.B. Amtsverlust in Form von Rücktritt oder Entlassung des Skandalisierten) oder aber der allseits gewonnenen Einsicht, daß ein solches wohl nicht mehr zu erreichen sein wird, aber der Mißstand wenigstens hinreichend intensiv angeprangert worden ist, wird man dieses Themas sehr rasch überdrüssig. Auch der größte Politskandal besitzt eine natürliche „Halbwertszeit" und wird früher oder später von neuen aufsehenerregenden Meldungen verdrängt bzw. überschattet werden – insbesondere dann, wenn er weitere Mißstände zutage gefördert hat, die wiederum Anlaß zu neuen Skandalisierungen geben.[83] Je kleiner das Ausmaß des Skandals, desto schneller werden seine Einzelheiten und Hintergründe auch wieder vergessen, so daß schon bald nur noch eine vage Erinnerung an das Ereignis an sich zurückbleibt, welche ebenfalls allmählich verblassen kann. Darin liegt wiederum eine Chance für den Skandalisierten, sich vom erlittenen Reputationsschaden mittelfristig wieder zu erholen – falls er sich (bis genügend „Gras über die Affäre gewachsen ist") nichts zuschulden kommen läßt bzw. in keinen neuen Skandal verwickelt wird (der die Erinnerung an den vergangenen natürlich sofort wieder hervorrufen und aktualisieren würde).

Es sollte deutlich geworden sein, wie ein Skandal für einen politischen Akteur – nicht immer, sehr wohl aber unter bestimmten Bedingungen – zu einer schier ausweglosen „Abwärtsspirale" werden kann, die seine Reputation und damit auch seine Karriere existentiell gefährdet. Für das Opfer eines Schauprozesses steht dagegen grundsätzlich sein Leben auf dem Spiel, wie im folgenden geschildert werden wird.

---

[80]   Vgl. Kepplinger 2005: S. 119 f.

[81]   Vgl. Schütze 1985: S. 29, Neckel 1989a: S. 58, Kepplinger/Hartung 1993: S. 6 f.

[82]   Vgl. Hondrich 2002: S. 45.

[83]   Große Skandale haben nämlich die Tendenz, Tochterskandale zu erzeugen. Sie sind, wie Schütze treffend formuliert, regelrechte „Anbausysteme von Ärgernissen" (Schütze 1985: S. 36).

2.2 Begriff und Strukturmerkmale des Schauprozesses

Schauprozesse können begriffen werden als öffentlichkeitswirksam inszenierte und von massiven Agitationskampagnen begleitete, hinsichtlich ihres inhaltlichen Ablaufs präzise geplante und gelenkte Strafgerichtsverfahren, die unter genereller Mißachtung rechtsstaatlicher Regeln zu politischen Demonstrationszwecken gegen als solche definierte Regimegegner eingeleitet und durchgeführt werden, und bei denen das Urteil bereits im Vorfeld des Prozesses unzweifelhaft feststeht.[84]

Diese Definition beinhaltet drei zentrale Aspekte: Erstens reduziert sie das Phänomen „Schauprozeß" begrifflich nicht auf ein Verfahren im engeren Sinne, also auf eine Gerichtsverhandlung als System der Interaktion unter Anwesenden, sondern erfaßt darüber hinaus auch sämtliche außergerichtlichen Maßnahmen zur politischen Vor- und Nachbereitung der eigentlichen Verhandlung. Zweitens gewährleistet die Definition, daß längst nicht *alle* Formen politischer Justiz, bei der Gerichte politisch instrumentalisiert und damit zweckentfremdet werden,[85] sogleich als Schauprozesse anzusehen sind. Zwar stellen Schauprozesse natürlich immer einen gezielten Mißbrauch von justiziellen Strukturen zu justizfremden – nämlich politischen – Zwecken dar.[86] Dies jedoch zum alleinigen Kriterium für das Vorliegen eines Schauprozesses zu erheben hieße in letzter Konsequenz, *jegliche* politisch motivierten Verfahren als Schauprozesse zu klassifizieren – auch solche, die weitgehend ergebnisoffen geführt werden und eindeutig rechtsstaatlichen

---

[84]   Vgl. zu den Definitionsmerkmalen Beck 1977: S. 752 f., Schmidt 1995: S. 851. Zum Teil wird der Begriff „Schauprozeß" auch weitaus restriktiver verwendet, nämlich nur zur Bezeichnung der großen historischen Scheinverfahren in der stalinistischen Sowjetunion und ihren osteuropäischen Satellitenstaaten gegen führende kommunistische Staats- und Parteifunktionäre, die als unliebsam gewordene politische Konkurrenten durch diese Prozesse im Auftrag ihrer eigenen Parteigenossen liquidiert wurden (vgl. Beck a.a.O., Kos 1996: S. 395; siehe bspw. Hodos 1988: S. 14). Tatsächlich gilt die Strategie des Schauprozesses in ihrer modernen Form manchen Autoren zwar als Erfindung des frühen Sowjetkommunismus (siehe Pirker 1963: S. 47, 55; anderer Ansicht Schrader 1995: S. 136, 156). Allerdings ist diese Strategie auch in anderen politischen Kontexten in nahezu gleicher Weise angewendet worden, etwa gegen systemoppositionelle Kräfte in der DDR (siehe Fricke 1979, Beckert 1995, Werkentin 1995, Kos 1996), im Dritten Reich (vgl. Beck a.a.O., Fraenkel 1974: S. 80) oder in der VR China (siehe Auer von Herrenkirchen 1993: S. 59-65, 80 f., 194). Deshalb erscheint die Verallgemeinerung des Begriffs zu einer generalisierbaren politischen *Methode* durchaus gerechtfertigt (siehe z.B. Ziehr 1970: S. 18-20, 23-26). Zu den drei berüchtigten „Moskauer Prozessen" (1936, 1937 und 1938), welche die gängige Vorstellung von einem „typischen" Schauprozeß wohl am stärksten geprägt haben und für viele weitere solcher Verfahren als Vorbild dienten (v.a. in Osteuropa nach 1945; vgl. Hodos 1988, Maderthaner/Schafranek/Unfried 1991, Mählert 1996), siehe statt vieler umfassend Hedeler 2003.

[85]   Vgl. Kirchheimer 1993: S. 606.

[86]   Vgl. Limbach 1994: S. 49, zit.n. Kos 1996: S. 395.

Beschränkungen unterliegen.[87] Daher erscheint es geboten, mit Otto Kirchheimer grundsätzlich zwischen politischer Justiz und Schauprozessen zu unterscheiden und hinsichtlich dieser Unterscheidung auf die totale Außensteuerung eines Verfahrens durch die jeweiligen politischen Machthaber abzustellen.[88] Der Schauprozeß erweist sich somit als *eine spezielle Form* von politischer Justiz, die nur dem äußeren Anschein nach noch ein juristisches Verfahren darstellt, weil alle wesentlichen Entscheidungen sowieso schon vor Prozeßbeginn mehr oder weniger abschließend getroffen worden sind. Vom gleichfalls determinierten „Geheimprozeß" grenzt sich der Schauprozeß dagegen nicht allein durch die Öffentlichkeit seines Verfahrens ab, sondern vor allem auch durch die begleitenden Maßnahmen zur gezielten Manipulation der öffentlichen Meinung und zur symbolischen Demonstration von scheinbarer Legalität,[89] welche für Geheimprozesse naturgemäß nicht weiter erforderlich sind. Denn „Im Geheimprozeß sollte der Gegner [lediglich] unschädlich gemacht, im Schauprozeß darüber hinaus öffentlich entlarvt werden."[90] Drittens ist die vorgeschlagene Begriffsbildung hinreichend abstrakt in dem Sinne, daß der Schauprozeß als solcher eine bestimmte Strategie zur Erreichung politischer Ziele darstellt, die *als Strategie* in unterschiedlichen situativen Kontexten anwendbar ist. Natürlich muß diese Strategie stets an die jeweiligen Bedürfnisse eines politischen Systems angepaßt werden, so daß sich – ebenso wie bei Skandalen – in verschiedenen Systemen durchaus verschiedene „Schauprozeßkulturen" beobachten lassen, die hinsichtlich der konkreten Institutionalisierung dieses Instruments zum Teil erhebliche Differenzen aufweisen können. Dennoch lassen sich stets gleichbleibende, mithin symptomatische Struktur-

---

[87] So etwa die Nürnberger Prozesse (1945-1949), die zwar bekanntermaßen auch und gerade auf öffentliche Darstellung abzielten, denen man aber wohl kaum den Vorwurf komplett inszenierter Scheinverfahren machen kann, in denen rechtliche Willkür nach Art einer reinen „Siegerjustiz" ausgeübt worden wäre. Die simplifizierende Gleichsetzung von Schauprozessen mit politischer Justiz bewirkt letztendlich eine unsachgemäße Überdehnung des Begriffs „Schauprozeß", wie sie in einigen nichtwissenschaftlichen Fallsammlungen sogenannter „großer Schauprozesse der Geschichte" besonders deutlich zum Ausdruck kommt (siehe Eis 1965, Schwerin von Krosigk 1991).

[88] Vgl. Kirchheimer 1993: S. 159, 615 f. Dieses Kriterium liegt auch einigen historischen Analysen der Prozesse des nationalsozialistischen Volksgerichtshofs (VGH) zugrunde. So weisen u.a. Lauf (1994: S. 287 f.) und I. Richter (2001: S. 13) ausdrücklich darauf hin, daß es sich bei der überwiegenden Mehrheit dieser Verfahren deswegen nicht um Schauprozesse gehandelt habe, weil ihr Verlauf und Ausgang i.d.R. nicht zuvor bestimmt worden sei. Der VGH habe zwar regelmäßig nach politischen Maßstäben, diesbezüglich aber ergebnisoffen im Verfahren selbst entschieden. Entgegen der wenig überzeugenden Ansicht von Koch ist allerdings zumindest der Schauprozeßcharakter des Verfahrens gegen die Gruppe der „Verschwörer" vom 20. Juli 1944 unzweifelhaft zu bejahen (siehe dazu Koch 1988: S. 303-445, insb. S. 442).

[89] Etwa ein Recht auf „Verteidigung"; vgl. Beckert 1995: S. 34-38.

[90] Ebd.: S. 36, Erg. K.M.

merkmale von Schauprozessen herausarbeiten,[91] anhand derer die einzelnen Elemente der oben genannten Definition nun näher erläutert werden sollen.

Ein Schauprozeß beginnt stets mit einer konkreten politischen[92] Entscheidung. Diese besteht darin, bestimmte (natürliche) Personen zu gemeingefährlichen Feinden der gegenwärtigen Herrschaftsordnung zu erklären und *allein aufgrund dieser Zuschreibung* eine drakonische Strafe über sie zu verhängen. Deshalb spielt es auch keinerlei Rolle, ob es sich bei den zu Verurteilenden um tatsächliche oder nur angebliche Regimegegner handelt. Der „Nachweis" ihrer Gegnerschaft soll ja gerade durch den Prozeß erst erbracht werden – nötigenfalls unter Aufbietung aller hierfür erforderlichen Mittel. Beschließt die politische Führung, ein höchst diffuses Kollektiv als Feind zu ächten,[93] so wird ausgewählten Individuen stellvertretend für die eigentliche Zielgruppe der Prozeß gemacht, um ein Exempel zu statuieren. Die Auswahl der exemplarisch zu Verurteilenden mag dann nahezu beliebig erfolgen. Wichtig ist nur, daß sie besagter Feindkategorie angehören oder dies zumindest glaubhaft vermittelt werden kann. Der Nachrichtenwert des Schauprozesses kann allerdings beträchtlich gesteigert werden, wenn es sich um besonders prominente Repräsentanten der entsprechenden Gruppe handelt.[94]

Der politische Schuldspruch ist substantiell gleichbedeutend mit einem abschließenden Urteil. Sobald er definitiv feststeht, ist auch das Schicksal der späteren Angeklagten in aller Regel endgültig besiegelt. Er bildet fortan die oberste und nicht hinterfragbare Leitmaxime, an der das gesamte weitere Prozeßgeschehen ausgerichtet wird. Vor diesem Hintergrund verbleibt der Justiz lediglich die Aufgabe, ein formelles Strafverfahren zu inszenieren, welches das politische Urteil juristisch bestätigt und möglichst effektvoll zur Geltung bringt. Ihre Rolle beschränkt sich somit auf die eines reinen „Erfüllungsgehilfen" der tatsächlichen Entscheidungsträger.

Zur Realisierung ihres Entschlusses, die der Regimefeindschaft Bezichtigten demonstrativ hart zu bestrafen bzw. bestrafen zu lassen, erteilen die Machthaber den jeweils zuständigen (oder kurzerhand für zuständig erklärten) Justizbehörden und Gerichten den faktisch verbindlichen Auftrag, ein entsprechendes Verfahren

---

[91] Vgl. Kos 1996: S. 395, siehe auch Schrader 1995: S. 109.

[92] „Politisch" auch und gerade i.S.v. Carl Schmitt (1996, siehe dort insb. S. 26).

[93] Etwa „die" Kommunisten im Reichstagsbrandprozeß 1933. Ansonsten muß dieser Versuch der Inszenierung eines Schauprozesses, der noch in der Konsolidierungsphase des Dritten Reiches stattfand, wegen der politisch unerwünschten Freisprüche aller Angeklagten außer van der Lubbe als größtenteils gescheitert bezeichnet werden. Die Justiz war zu diesem Zeitpunkt noch nicht hinreichend gleichgeschaltet. Ihre vollständige und endgültige Gleichschaltung erfolgte gerade als Reaktion auf dieses Scheitern (vgl. Wesel 2003: S. 54-59).

[94] Siehe diesbezüglich Jansen 1982: S. 53, Mählert 1996: S. 41.

nach ganz bestimmten Vorgaben zu planen und durchzuführen.[95] Je genauer hierbei etwa die anzuklagenden Verbrechen, das zu verhängende Strafmaß, die zu erzwingenden Aussagen sowie die im Verfahren hervorzuhebenden bzw. zu verschweigenden Tatsachen vorgeschrieben werden, desto stärker reduziert sich zwangsläufig der Ermessensspielraum der ausführenden Justizorgane. Zugleich verkleinert sich damit aber auch ihr Risiko, den Zielen und Interessen der Machthaber nicht (ausreichend) gerecht zu werden und somit folgenschwere politische „Fehler" zu begehen.[96] Alle explizit angeordneten Prozeßauflagen werden wortgetreu befolgt. Im übrigen ist die Justiz bemüht, den nicht ausdrücklich kommunizierten, aber vermutbaren Vorstellungen der politischen Führung in bezug auf die Prozeßgestaltung nach eigenem Ermessen bestmöglich Rechung zu tragen. Die selbstverständliche Geltung der justiziellen Prärogativgewalt der politischen Führung erfordert, daß letztere de facto als höchste Autorität in Fragen der Rechtsprechung anerkannt sein muß. Nur als solche kann sie Ablauf und Ausgang konkreter Verfahren jederzeit verbindlich festlegen. Unerläßlich für die Durchführung von Schauprozessen ist mithin die Existenz einer politisch loyalen, absolut regimehörigen Strafjustiz,[97] die sich direkten Handlungsanweisungen der Staatsführung im Bedarfsfall bereitwillig und bedingungslos unterwirft.

Diese „Programmierbarkeit" kann durch verschiedene, einander durchaus ergänzende Maßnahmen erzeugt werden: Totalpolitisierung des Strafprozeßrechts, Personalpolitik (Einsetzung und Belohnung von regimetreuem bzw. Entlassung und Bestrafung von politisch unzuverlässigem Justizpersonal), Institutionenpolitik (Verlagerung von Zuständigkeiten; Einrichtung außerordentlicher Tribunale, also politischer Sondergerichte), kritische Überwachung von Gerichtsverhandlungen durch politische Exekutivbehörden mit umfassenden Eingriffs- und Regulierungsbefugnissen.[98] Wohlgemerkt muß die politische Führung mit Hilfe dieser Maßnahmen längst nicht *jeden* Prozeß steuern.[99] Üblicherweise beansprucht sie ihr Determinationspotential nur dann, wenn sie ein ganz besonderes politisches Interesse daran hat, daß bestimmte Strafverfahren exakt nach ihren Vorstellungen verlaufen und sie dabei buchstäblich nichts dem Zufall, genauer gesagt den Unwägbarkeiten juristischer Entscheidungsfindung überlassen will. Um aber das

---

[95] Siehe zu konkreten Beispielen für solche Vorgaben Jansen 1982: S. 27 f., Wehner 1996: S. 26, Hedeler 1999: S. 15, 17, 22, Wesel 2003: S. 119.

[96] Die tunlichste Vermeidung von politisch unerwünschtem „Fehlverhalten" der Justiz im Schauprozeß liegt nicht zuletzt in ihrem eigenen Interesse, da sie sonst ggf. empfindliche Sanktionen der Regimeführung zu befürchten hätte.

[97] Vgl. Kos 1996: S. 396 f.

[98] Siehe o.Verf. 1949: S. 217, Fraenkel 1974: S. 69, Kirchheimer 1993: S. 165 f., Lauf 1994: S. 48 f., Kos 1996: S. 401, 408 f., Wehner 1996: S. 22, I. Richter 2001: S. 123, Wesel 2003: S. 113.

[99] Gerade die Abhaltung von Schauprozessen ist allein schon aufgrund ihres gewaltigen organisatorischen Aufwands quantitativ stark begrenzt (vgl. Kirchheimer 1993: S. 153).

Instrument „Schauprozeß" *überhaupt* einsetzen zu können, muß die totale Abhängigkeit der maßgeblichen Justizorgane grundsätzlich gewährleistet sein.

Der nächste Schritt besteht in der sofortigen Inhaftierung der zu verurteilenden Personen und in der detaillierten Vorbereitung ihrer Verhandlung. Die offizielle Anklage enthält oftmals äußerst schwerwiegende Delikte mit eindeutig politischer Dimension, welche die unterstellte Regimefeindschaft bereits deutlich erkennen lassen sollen. So ist etwa „Hochverrat" ein beliebter Generalanklagevorwurf in Schauprozessen; ebenfalls gebräuchlich sind hierunter weitgehend subsumierbare Kapitalverbrechen wie z.B. Spionage, Sabotage, Kollaboration mit feindlichen Mächten, Verschwörung, Terrorismus, Revoluzzertum usw.[100] Von wesentlicher Bedeutung ist, daß die angeklagten Verbrechen gegen fundamentale Werte und Normen des jeweiligen Regimes verstoßen, damit die außerordentlich hohe verordnete Strafe (häufig Tod, lebenslange Haft oder Zwangsarbeit in Straflagern) auch als „gerechtfertigt" erscheint. Natürlich können im Schauprozeß ebensogut minderschwere Vergehen zu Kapitalverbrechen hochstilisiert bzw. umgedeutet werden. Gegebenenfalls wird ein für die geplante Verurteilung „geeigneter" Straftatbestand einfach frei erfunden. Auf das objektive Vorliegen von Schuld oder Unschuld im Sinne der zugrundegelegten Tatbestände kommt es ohnehin nicht an,[101] denn diese bilden lediglich den offiziellen Anlaß, nicht aber den eigentlichen Grund der späteren Verurteilung.

Mit anderen Worten werden die Angeklagten nicht etwa deshalb als Feinde behandelt, weil sie objektiv gesehen Kriminelle wären (selbst wenn dies tatsächlich zutreffen sollte), sondern sie werden als Kriminelle behandelt, weil sie zuvor willkürlich als politische Feinde definiert worden sind. Somit ist die Anklage zweckdienlich erscheinender Straftaten reine Formalität. Denn alleiniger Auslegungsmaßstab der befaßten Justizorgane ist der erkennbare Wille der Machthaber.[102] Aufgrund ihrer Befehlshoheit als faktisch letztverbindliche Judikativinstanz ist es der politischen Führung natürlich auch ohne weiteres möglich, in bereits laufende Verfahren regulierend einzugreifen und anstehende Entscheidungen an sich zu reißen, wenn es sich ihrer Ansicht nach anbietet, das Verfahren kurzfristig zum Schauprozeß umzufunktionieren.[103]

Sämtliche Vorbereitungsmaßnahmen finden in aller Regel unter strenger politischer Kontrolle statt. Sie zielen einzig und allein darauf ab, später die vollumfäng-

---

[100] Vgl. Fraenkel 1974: S. 79-86, Ziehr 1970: S. 306-313, siehe auch Jansen 1982: S. 29, 50-55.

[101] Vgl. Mählert 1996: S. 41.

[102] Siehe nur o.Verf. 1949: S. 217, Ziehr 1970: S. 71, Jansen 1982: S. 54.

[103] Dies stellt keinen Widerspruch zur Definition dar, die verlangt, daß „das Urteil *bereits im Vorfeld des Prozesses* unzweifelhaft feststeht", weil ja in diesem Fall das Verfahren, sobald die Regimeführung ihr „Machtwort" gesprochen hat, *als Schauprozeß* völlig neu aufgerollt wird.

liche Schuld im Sinne der Anklage glaubhaft demonstrieren zu können. Dabei soll den Angeklagten praktisch jede nur denkbare Chance zur Rehabilitation von vornherein versagt bleiben. Durch ihren unmißverständlichen Auftrag ist die Justiz gleichsam konkludent ermächtigt (und sogar verpflichtet), alle diesem Ziel womöglich entgegenstehenden Beschränkungen rechtlicher oder ethischer Art zum Zweck der Effizienzmaximierung außer Acht zu lassen.[104] Grundsätzlich stehen ihr zwei kombinierbare Strategien zur Verfügung: die Konstruktion einer schier erdrückenden Last an „Schuldbeweisen" sowie die Erpressung von Geständnissen.

Sollen die Angeklagten anhand von „Beweisen" überführt werden, so produzieren die Ermittlungsbehörden die belastenden Indizien in erheblichem Umfang *selbst*, damit im eigentlichen Verfahren möglichst alle „Fakten" eindeutig gegen die Angeklagten sprechen und das Urteil später so erscheint, als habe es angesichts dieser überwältigenden Beweislage geradezu *zwangsläufig* gefällt werden müssen. Beispielsweise werden die sorgfältig ausgesuchten Zeugen bestochen oder genötigt, ausschließlich zuungunsten der Angeklagten auszusagen; Verweigerer werden rechtzeitig mundtot gemacht. Vermeintlich urteilsrelevante Daten und Dokumente werden systematisch verfälscht oder gar komplett erfunden. Potentiell entlastendes Material wird dagegen bewußt ignoriert, zurückgehalten oder vernichtet. Die Bereitstellung von fingierten Schuldbeweisen ist recht typisch für die Organisation eines Schauprozesses,[105] weil sie erheblich zur Gewährleistung seines „reibungslosen", d.h. planmäßigen und zielführenden Ablaufs beitragen kann.

Noch weitaus typischer – da propagandistisch wesentlich wirkungsvoller[106] und weit weniger aufwendig – ist allerdings die alternativ oder ergänzend anwendbare Strategie, die Angeklagten im Vorfeld mit geeigneten Methoden zum Ablegen eines Geständnisses zu zwingen. Gängige und wirksame Zwangsmittel sind die Anwendung von Folter, Psychoterror und Erpressung (etwa die Drohung, bei Verweigerung der „Mitarbeit" auch Freunde oder Familienangehörige hinrichten zu lassen), zuweilen verbunden mit dem (äußerst zweifelhaften) Versprechen, bei kooperativem Verhalten auf Gnade bzw. Milde des Gerichts hoffen zu dürfen.[107] Sobald den Angeklagten die Ausweglosigkeit ihrer Situation bewußt (gemacht)

---

[104] Nicht Gerechtigkeits-, sondern reine Nützlichkeitserwägungen bestimmen die Planung eines Schauprozesses (vgl. Ziehr 1970: S. 6).

[105] Siehe insb. Lewytzkyi 1967: S. 246-248, Kirchheimer 1993: S. 157 f., Hedeler 1999: S. 22 f., 27 f. „Jedoch bedeutet die Tatsache, daß ein Teil des in diesen Prozessen vorgebrachten Anklagematerials nachweislich falsch ist, keineswegs, daß es in allen Teilen der Wahrheit widerspricht," (o.Verf. 1949: S. 218). In der Tat dürften nur teilweise inszenierte Halbwahrheiten noch größere Überzeugungskraft besitzen.

[106] Vgl. o.Verf. 1949: S. 218, Jansen 1982: S. 195.

[107] Siehe hierzu statt vieler Hodos 1988: S. 12 f., 85-87 und Hedeler 1999: S. 27.

wird, dürfte schon ihr Selbsterhaltungstrieb bedingungslosen Gehorsam als letzte Option zur Schadensbegrenzung erscheinen lassen.[108] Eine besonders perfide Taktik besteht darin, die Angeklagten eventuell gegeneinander auszuspielen: So kann man standhafte Leugner, die sich der von ihnen verlangten Selbstbezichtigung trotz allen Drucks verweigern, durch die geständigen Aussagen *anderer Angeklagter* (oder zum Spielen dieser Rolle abkommandierter Regimeagenten) als Mittäter denunzieren lassen, um sie dadurch ihrer eigenen „Schuld" zu überführen.[109] Stets sollen die Geständnisse in der öffentlichen Hauptverhandlung erfolgen und sämtliche Anklagevorwürfe uneingeschränkt bestätigen. Neben ihrem Inhalt wird oft sogar ihr Wortlaut genauestens vorgeschrieben. Können die Angeklagten schließlich dazu gebracht werden, ihre Schuld zu bekennen, und zwar in einer Weise, welche die politischen Machthaber zufriedenstellt,[110] so kann das Gericht auf die Inszenierung einer langwierigen Beweisaufnahme und -würdigung weitgehend verzichten.[111] Denn „freiwillige" Geständnisse legitimieren das zu fällende Urteil bereits in ausreichendem Maße. Im Kern laufen beide Strategien darauf hinaus, eine exakt auf die Interessen der Regimeführung abgestimmte „fiktive Alternativwirklichkeit zu konstruieren, mit der die jeweils zur Vernichtung bestimmten Gegner [...] identifiziert werden müssen."[112]

---

[108] Vgl. o.Verf. 1949: S. 218 f. Sitzen paradoxerweise gerade ideologisch fanatisierte *Anhänger* des Regimes auf der Anklagebank (wie etwa in vielen der stalinistischen „Säuberungsprozesse" oder im kubanischen Schauprozeß von 1989 gegen General Ochoa und andere), genügt ggf. sogar der eindringliche Appell an ihre nach wie vor ungebrochene Regimeloyalität in Verbindung mit dem Hinweis, durch die bereitwillige Selbstaufopferung einer „höheren Sache" zu dienen. Siehe Lewytzkyi 1967: S. 141-149, Mählert 1996: S. 44, Wood 2005: S. 211 sowie Zeyer 2006.

[109] Vgl. o.Verf. 1949: S. 218, Jansen 1982: S. 53 f., 122 f., Schrader 1995: S. 26, 109. Die erpreßten Geständnisse können sogar vorsorglich darauf angelegt werden, alle Angeklagten gleichzeitig zu belasten.

[110] Manchmal wird von den Angeklagten etwa ausdrücklich erwartet, nicht nur ihre Schuld zu gestehen, sondern auch ihre „schändlichen" Motive darzulegen, was auf den Zwang zu entwürdigenden Selbsterniedrigungen hinausläuft (vgl. o.Verf. 1949: S. 218).

[111] Aus diesem Grund wird die Strategie der Geständniserpressung vor allem dann eingesetzt, wenn die Schuld durch Beweismittel allein kaum überzeugend demonstriert werden kann. Lautet die Anklage z.B. auf „soziale Gefährlichkeit" oder „Schädlingstätigkeit", werden also inhaltlich unbestimmte politische Kampfbegriffe anstelle von präzise definierten juristischen Straftatbeständen verwendet (siehe dazu u.a. Wehner 1996: S. 18, Ziehr 1970: S. 304-318) *oder* sind die Anschuldigungen in allzu offensichtlicher Weise absurd (d.h. ihr Zutreffen bei objektiver Betrachtung eigentlich völlig unmöglich), erweist es sich als praktisch nicht realisierbar bzw. als viel zu riskant, das Urteil ausschließlich auf materielle „Beweise" zu stützen (vgl. Ziehr 1970: S. 208). Wohl einfach deshalb, weil derartige Defizite bei Schauprozessen recht häufig vorkommen, gilt die Geständniserpressung manchen Autoren wie etwa Jansen (1982: S. 193) als konstitutives Element von Schauprozessen schlechthin.

[112] Kirchheimer 1993: S. 164.

Darüber hinaus umfaßt die Vorbereitung eines Schauprozesses die generalstabs-
mäßige Planung und Reglementierung nicht nur seines formalen, sondern gerade
auch seines *inhaltlichen* Ablaufs: Während in rechtsstaatlichen Prozessen beispielsweise lediglich feststeht, wer wann das Recht hat, bestimmte Anträge zu stellen,
wird in Schauprozessen regelmäßig vorab festgelegt, wer wann welchen Antrag
mit welchem Inhalt zu stellen hat. Die gesamte Verhandlung wird dabei auf die
politisch gewünschte Publikumswirkung hin ausgerichtet.[113] Hieran orientiert sich
auch die Auswahl der justiziellen Akteure, der Richter, Staatsanwälte und Verteidiger, mit denen die komplette Prozedur im Vorfeld mehr oder weniger detailliert
abgesprochen, in manchen Fällen sogar einstudiert wird. Für viele der berüchtigten Schauprozesse, die Stalin nach dem Ende des Zweiten Weltkriegs in den osteuropäischen Satellitenstaaten der Sowjetunion durchführen ließ, waren zuvor
regelrechte „Drehbücher" angefertigt worden, die den genauen Verfahrensverlauf
verbindlich und nahezu erschöpfend vorzeichneten. Sie enthielten unter anderem
vorgeschriebene Antworten auf vorgeschriebene Fragen, die an die Angeklagten
mit der Maßgabe ausgehändigt wurden, diese auswendig zu lernen.[114] Dieses Ex-
trembeispiel soll die Tatsache verdeutlichen, daß es sich bei Schauprozessen im
allgemeinen um „ritualisierte Schauspiele mit [vorweg] ausgefeilter Regie zu La-
sten der Opfer"[115] handelt.

Parallel zur eigentlichen Prozeßvorbereitung wird ein intensiver Propagandafeld-
zug gestartet, der die gesamte Verhandlung demagogisch begleitet und oft noch
über die Urteilsvollstreckung hinausreicht.[116] Mit seiner Hilfe soll der anstehende
Prozeß ins Zentrum der öffentlichen Aufmerksamkeit gerückt werden. Außerdem dient er dem Zweck, die öffentliche Meinung in bezug auf die Angeklagten
von Anfang an systematisch zu negativieren, infolgedessen das gegen sie ange-
strengte Verfahren wiederum als „legitim" bzw. „notwendig" erscheinen soll.
Nach Möglichkeit läßt die Regimeführung eigens hierfür alle verfügbaren Massenmedien mobilisieren. Demzufolge sollte zur wirksamen Durchführung von
Schauprozessen neben einer lenkbaren Justiz stets auch die politische Dienstbar-
keit eines einflußreichen Medienspektrums gewährleistet sein,[117] dessen Berichterstattung solche Prozesse ausschließlich im Interesse der Machthaber, also völlig
einseitig darstellt und kommentiert. Die Manipulationsbestrebungen sind natürlich
um so erfolgversprechender, je stärker die regimekonformen Massenmedien die
öffentliche Meinungsbildung in der Gesellschaft faktisch dominieren. Im Idealfall

---

[113]   Vgl. Fricke 1979: S. 275.

[114]   Vgl. Hodos 1988: S. 13 f., 88.

[115]   Müller 1993: S. 389, Erg. K.M.

[116]   Siehe bspw. Jansen 1982. S. 141 155.

[117]   Vgl. Ziehr 1970: S. 21, Kos 1996: S. 415 f. Die faktische Gleichschaltung der Medien
        kann dabei durch ähnliche Unterwerfungsstrategien herbeigeführt werden wie die der
        Justiz.

arbeiten sie konkurrenzlos und besitzen damit ein Informations- und Deutungs-
monopol. Von ihnen wird das geplante Verfahren zum außeralltäglichen Medien-
ereignis hochstilisiert, um bei der Bevölkerung größtmögliche Aufmerksamkeit
zu erzeugen. Sorgfältig aufeinander abgestimmte Kampagnen berichten ständig
über das aktuelle Prozeßgeschehen und interpretieren es zugleich in der politisch
gewünschten Weise.[118] Anderslautende Berichterstattung, z.B. eine solche, die die
Schuld der Angeklagten anzweifelt, wird in der Regel nicht geduldet und fällt der
Zensur zum Opfer. Die regimegesteuerte Propaganda zeichnet sich insbesondere
durch konsistente und unmißverständliche Parteinahme gegen die Angeklagten[119]
aus. Das erklärte Ziel solcher Agitationskampagnen, die für gewöhnlich polemische Hetze, pauschale Vorverurteilungen, Stigmatisierungen sowie gezielte An-
griffe auf die moralische Integrität der Angeklagten beinhalten, besteht letztlich
darin, sämtliche Zweifel an der Berechtigung des Verfahrens von vornherein aus-
zuräumen und entsprechender Kritik vorzubeugen. Darüber hinaus sollen sie
auch dem möglichen Aufkommen von Mitleid oder gar Sympathie für die Angeklagten in der Bevölkerung entgegenwirken, um die Gefahr von kontraprodukti-
ven „Märtyrereffekten" weitgehend zu vermeiden.

Durch die eindringliche Agitation wird die Öffentlichkeit nunmehr permanent
mit einem stereotypen Feindbild konfrontiert,[120] das die Angeklagten scheinbar
höchstpersönlich repräsentieren. Spätestens dieser Schritt macht ihre Verurteilung praktisch unabwendbar. Denn haben die regimeloyalen Medien die Angeklagten erst einmal derart öffentlich gebrandmarkt (und womöglich noch „Härte-
ste Bestrafung!" gefordert), so muß der Prozeß die Anschuldigungen unter allen
Umständen bestätigen und mit einem entsprechend drastischen Urteil enden,
wenn sich das Regime nicht in Widersprüche verstricken will. Nach dem Einsatz
massiver Agitation gegen die Angeklagten wäre ihr Freispruch schließlich kaum
noch kommunizierbar – jedenfalls nicht, ohne daß das Regime zugleich empfindliche Glaubwürdigkeitseinbußen erleiden würde.[121] Ein bewährtes Propaganda-
mittel ist neben der Instrumentalisierung von konventionellen Massenmedien (in

---

[118] Vgl. Ziehr 1970: S. 5.

[119] Ggf. auch direkt gegen die eigentliche Zielgruppe des Schauprozesses, falls eine solche
       existiert.

[120] Siehe ausführlich zur propagandistischen Feindbildkonstruktion Schrader 1995: S. 17 f.,
       114-124.

[121] Vgl. o.Verf. 1949: S. 217. Im (ziemlich utopischen) Fall eines Freispruchs hätte nämlich
       entweder das Gericht offensichtlich „unangemessen" geurteilt oder aber die Propagan-
       da hätte offensichtlich gelogen. Beides wäre politisch äußerst fatal. Der Einsatz von
       massenmedialer Agitation bedeutet also eine gewisse Selbstbindung des Regimes. Ent-
       sprechend hoch ist natürlich der politische Druck auf das mit der Durchführung des
       Schauprozesses betraute Gericht.

modernen Staaten vor allem Presse[122], Rundfunk und Fernsehen) besonders auch die Organisation „spontaner" Großdemonstrationen: Die massenhafte Mobilisierung von überzeugten Regimeanhängern oder hierfür zwangsrekrutierten Normalbürgern soll dann suggerieren, daß der Prozeß bzw. die Bestrafung der Angeklagten dem „Willen des Volkes" entspricht.[123]

Die mündliche Hauptverhandlung ist durchweg sowohl saal- als auch medienöffentlich. Um den psychosozialen Druck auf die Angeklagten noch zu verstärken, findet sie jedoch zumeist nur vor einem (erkennbar) ausgesuchten Publikum statt, welches ausnahmslos aus treuen Regimeanhängern besteht. Gleichzeitig erlaubt eine landesweite Übertragung von Bild-, Ton- und Filmaufnahmen der Verhandlung, den Prozeß faktisch vor der gesamten Gesellschaft zu führen,[124] weshalb entsprechend technisierte Regime regelmäßig von dieser Möglichkeit Gebrauch machen. Gerade dann ist es allerdings – trotz aller propagandistischen Verzerrung des gesendeten Materials – besonders wichtig, stets den Schein einer gerechten Verhandlung zu wahren. Die allzu offensichtliche Demonstration von justizieller Willkür würde der Popularität des Regimes nur Schaden zufügen und die politischen Zwecke des Schauprozesses konterkarieren.[125] Zumindest auf den ersten Blick muß in der Verhandlung also alles mit rechten Dingen zugehen, d.h. die ausschließliche Handlungsorientierung des Gerichts an Recht und Gesetz vorgetäuscht werden. Deshalb imitieren Schauprozesse gezielt die formalen Elemente von rechtsstaatlichen Verfahren, ohne dem Gerechtigkeitsideal substantiell verpflichtet zu sein.[126]

---

[122] Inklusive eigens für den Schauprozeß angefertigter Pamphlete in Form von Plakaten, Handzetteln, Flugblättern, etc.

[123] Siehe zu diesem „Druck der Straße" Ziehr 1970: S. 70, 295-300, Fricke 1979: S. 275, Jansen 1982: S. 66-73, Kirchheimer 1993: S. 156.

[124] Vgl. Ziehr 1970: S. 5; siehe außerdem Beckert 1995: S. 35, Lauf 1994: S. 42-45.

[125] Denn „Wenn im Verfahren offensichtliches Unrecht geschieht, wird auch die ‚faktische Kommunikation' keinen Ersatz mehr für die Gewalt liefern, mit der die Entscheidung schließlich durchgesetzt wird. Im Gegenteil, ein solches Verfahren ruiniert den Grundkonsens über die ‚Institution Verfahren', die Legitimation der Entscheidung und die Bereitschaft, sie abzunehmen. Nicht umsonst haben die faschistischen Machthaber darauf verzichtet, den erstellten Film über Volksgerichtshof-Prozesse einem breiten Publikum zugänglich zu machen." (Schaper 1985: S. 275 f.). Bekanntermaßen empfand man die übertrieben aggressive Verhandlungsführung durch den frenetisch schreienden VGH-Präsidenten Roland Freisler letztenendes als nicht mehr öffentlichkeitstauglich.

[126] Vgl. Fraenkel 1974: S. 70, Kirchheimer 1993: S. 165, Schrader 1995: S. 137. Unter außenpolitischen Gesichtspunkten könnte man die generelle Vortäuschung von Rechtsstaatlichkeit durch nichtrechtsstaatliche Regime wohl auch als adaptive Reaktion auf den rechtskulturellen Erwartungsdruck einer (zunehmend) kritisch beobachtenden Weltöffentlichkeit deuten. Das ausschlaggebende Motiv dieser Regime wäre dann ihr Streben nach Anerkennung durch andere. Siehe zu dieser neoinstitutionalistischen Deutungsweise Meyer et al. 1997.

Besonders deutlich wird dies bei der Betrachtung der faktischen Rollenverteilung unter den Prozeßbeteiligten:[127] Die Rolle des Richters wird in Wirklichkeit von den politischen Machthabern ausgeübt, die das eigentliche Urteil bereits vorab verbindlich gefällt haben. Zwar muß sich das daraufhin tätig werdende Gericht *offiziell* als sachliche, d.h. unvoreingenommene Entscheidungsinstanz präsentieren. Tatsächlich nimmt es jedoch zusammen mit der Staatsanwaltschaft[128], sozusagen in inoffizieller Kooperation, die Rolle des Anklägers wahr. Durch die Art und Weise seiner Verhandlungsführung unterstützt es die Staatsanwaltschaft stets dabei, die Öffentlichkeit von der Schuld der Angeklagten zu überzeugen und somit deren geplante Verurteilung öffentlich zu rechtfertigen.[129] *Daß* das Gericht höchst parteiisch ist, manifestiert sich etwa in schier endlosen inquisitorischen Befragungen, die häufig suggestiv, zum Teil auch unter bewußt demütigenden Umständen (bspw. Verweigerung von Sitzgelegenheiten, menschenwürdiger Kleidung oder Trinkwasser) durchgeführt werden, um den Willen der Befragten, seien es Angeklagte oder Zeugen, endgültig zu brechen. Auch die Beweiszulassung und -würdigung durch das Gericht erfolgt einseitig zuungunsten der Angeklagten: Potentiell entlastende Tatsachen werden meistens einfach übergangen, „schuldbegründende" Indizien jedoch immer ausführlichst thematisiert.[130] Dabei sind nicht selten auch beleidigende Diffamierungen der Angeklagten an der Tagesordnung. Schwerwiegende Entscheidungen begründet das Gericht teilweise durch bloßen Verweis auf unbestimmte Generalklauseln.

In der Verhandlung dürfen sich üblicherweise nur die (vorsitzenden) Richter oder Staatsanwälte als aktiv handelnde Akteure zeigen.[131] Dagegen wird die Rolle des Angeklagten weitgehend auf die eines passiven Teilnehmers reduziert. Im Schauprozeß ist der Angeklagte stets nur Objekt, nicht etwa Subjekt des Verfahrens.[132] Er hat lediglich auf die ihm gestellten Fragen in der von ihm erwarteten

---

[127]   Eine Rollenanalyse von *rechtsstaatlichen* Gerichtsverfahren findet sich in Luhmann 1969: S. 57-135.

[128]   „Staatsanwaltschaft" steht im folgenden jeweils auch stellvertretend für all diejenigen Akteure, welche in nichtstaatlich organisierten Regimen eine äquivalente Rolle als offizielle Vertretung der Anklage übernehmen. Ein Regime muß schließlich nicht notwendigerweise Staat sein, um Schauprozesse abhalten zu können.

[129]   Siehe Kos 1996: S. 410 f. für ein anschauliches Beispiel.

[130]   Siehe Lewytzkyi 1967: S. 117 f.

[131]   Vgl. Hedeler 1999: S. 23-27.

[132]   Zu einer etwas anderen Einschätzung gelangt Kirchheimer, indem er betont, daß Schauprozesse, verglichen mit rein administrativen Feindbekämpfungsmaßnahmen, ihren Opfern naturgemäß immerhin *überhaupt* noch eine Gelegenheit zur individuellen Selbstdarstellung bieten, wenngleich diese, wie er selbst einräumt, extrem begrenzt sein mag (vgl. Kirchheimer 1993: S. 154). Im Vergleich zur Stellung eines Angeklagten in *rechtsstaatlichen* Gerichtsverfahren erscheint dieser verbleibende Rest an eigenständigem (Rollen-)Spielraum allerdings nahezu bedeutungslos. Es kommt also allein auf die Betrachtungsweise bzw. das jeweilige Referenzobjekt an.

Weise zu antworten. Jeder Versuch der Distanzierung von dieser Rolle, z.B. eine unpassende Äußerung zu unpassender Zeit, kann streng sanktioniert werden,[133] spätestens in den Verhandlungspausen, fernab von öffentlicher Beobachtung. Faktisch sind die Angeklagten vollkommen rechtlos und haben daher kaum eine Chance, die Verhandlung zu ihren Gunsten zu beeinflussen – nicht zuletzt auch deswegen, weil ihre Verteidigung nur von symbolischer Bedeutung ist. Durch die Präsenz von Strafverteidigern soll Legalitätswahrung demonstriert werden. In aller Regel handelt es sich bei diesen Verteidigern um reine Statisten, deren Beteiligung am Prozeß auf ein absolutes Minimum beschränkt ist. Wenn überhaupt, so besteht ihre Aufgabe neben bloßer physischer Anwesenheit in der Verhandlung etwa einzig darin, ein kurzes (und natürlich völlig belangloses) Schlußplädoyer zu halten. Zur Sicherheit werden regelmäßig nur regimetreue Juristen als Verteidiger zugelassen. Andernfalls wird ihre Arbeit eben derartig stark behindert bzw. ihre prozessualen Rechte so weit eingeschränkt, daß eine effektive Verteidigung der Angeklagten ohnehin nicht mehr möglich ist.[134] Von etwaiger „Waffengleichheit" der Prozeßparteien kann deshalb nicht einmal annähernd die Rede sein.

Die Dramaturgie des Schauprozesses setzt grundsätzlich alle beteiligten Juristen des Regimes einem nicht ganz unproblematischen Intrarollenkonflikt aus: Die Erfüllung ihrer politischen Pflicht – Kriminalisierung und Bestrafung der Regimefeinde um jeden Preis – bei gleichzeitiger Aufrechterhaltung der Illusion eines fairen Verfahrens bedeutet für sie eine ständige Gratwanderung zwischen diesen offensichtlich widersprüchlichen Verhaltenserwartungen. Hinzu kommt, daß die politische Führung in die laufende Verhandlung theoretisch jederzeit spontan und außerplanmäßig „hineinregieren" kann, wenn sie dazu Bedarf sieht, indem sie aus politischen Gründen etwa nachträgliche Änderungen der Anklage, der Rechtsgrundlagen oder der Prozeßprotokolle vornehmen läßt.[135]

Höhepunkt eines jeden Schauprozesses stellt schließlich die offizielle Verkündung des Urteils sowie dessen meist unmittelbar anschließende Vollstreckung dar. Das Urteil ist selbstverständlich endgültig und unanfechtbar; Rechtsmittel oder Gnadengesuche werden grundsätzlich nicht gewährt.[136] Die oft unverhältnismäßig harten Strafen ziehen die Regimefeinde für sehr lange Zeit oder sogar für immer aus dem Verkehr. Falls sie dem Henker überantwortet werden, findet ihre Hinrichtung häufig ebenfalls öffentlich statt. Gelegentlich erfolgt im Anschluß an die Urteilsvollstreckung nochmals eine propagandistische Aufarbeitung dessen, was mit dem Schauprozeß signalisiert werden sollte: Zum einen wird das Regime, häufig personifiziert durch die politischen Machthaber, als unerbittlicher „Verfechter der Gerechtigkeit" gepriesen. Zum anderen wird die *eigentliche* Ziel-

---

[133]   Vgl. I. Richter 2001; S. 123, 129 f.

[134]   Siehe Jansen 1982: S. 55-66, 75.

[135]   Siehe Kos 1996: S. 409 f., Hedeler 1999: S. 24-27.

[136]   Vgl. Wehner 1996: S. 21.

gruppe des Schauprozesses – vorausgesetzt, daß es eine solche gegeben hat – als kollektiv „verbrecherisch" und „feindselig" stigmatisiert, wofür die Ergebnisse des gerade durchgeführten Verfahrens als „untrügliche Beweise" herangezogen werden.[137] Dieser absurde Induktionsschluß deutet die Verurteilung der ursprünglichen Angeklagten um zur symbolischen Verurteilung derjenigen Gruppe, als deren Repräsentanten sie begriffen wurden und begriffen werden sollten.

Ein letzter wichtiger Aspekt betrifft die Gefahren, die mit der Inszenierung von Schauprozessen gegen politische Gegner grundsätzlich verbunden sind. Werden diese Gefahren von der Regimeführung in der Vorbereitungsphase als (allzu) akut eingeschätzt, so kann es durchaus passieren, daß man auf ein öffentliches Verfahren vorsorglich verzichtet und den Prozeß aus Sicherheitsgründen doch lieber im geheimen stattfinden läßt. Beispielsweise

> „entschloß sich die Justiz im Staat der SED immer dann zum Geheimprozeß, wenn ein öffentliches Verfahren dem politischen Prestige abträglich oder ein bestimmter Sachverhalt aus politischen Gründen geheimzuhalten war. Vor allem kommt es auch zum Ausschluß der Öffentlichkeit, wenn sich politische Überzeugungstäter nicht geständig oder nicht „einsichtig" zeigen, sondern im Gegenteil die Gefahr besteht, daß sie sich auch vor Gericht zu ihrer Überzeugung bekennen, die Gerichtsverhandlung gar zum öffentlichen Forum ihrer politischen Rechtfertigung machen könnten."[138]

Es hat sich gezeigt, daß der Terminus „Schauprozeß" das in diesem Abschnitt geschilderte Phänomen sogar in einem doppelten Sinn angemessen bezeichnet: Zum einen verweist er auf die Tatsache, daß ein solches Verfahren stets auf eine diskreditierende „Zurschaustellung" der Angeklagten abzielt. Zum anderen charakterisiert er die gesamte Anlage solcher Verfahren als bloße „Schau", also als spektakulär inszenierte Farce, eine Pervertierung echter Gerichtsverfahren, die gemeinhin auf Lügen, Täuschung und opportunistischer Rechtsbeugung beruht.

---

[137]   Der dabei kommunizierte Gedankengang lautet dann etwa wie folgt: „A, B und C haben nachweislich Unrecht begangen. Sie gehörten allesamt der Gruppe X an. Offenbar besteht X nur aus Verbrechern. Deshalb sind von nun an alle Mitglieder von X unsere legitimen Feinde!" (siehe bspw. Jansen 1982: S. 154).

[138]   Fricke 1979: S. 278.

3 Explikation des funktionalistischen Analyserahmens

3.1 Sozialwissenschaftlicher Funktionalismus

Bevor nun ein geeigneter Analyserahmen zur Überprüfung der Äquivalenzhypothese entwickelt wird, soll zunächst kurz dargelegt werden, was diesen eigentlich als „funktionalistisch" kennzeichnet. Denn immerhin existiert für das, was im Rahmen dieser Arbeit als „Funktionalismus" bezeichnet wird, im sozialwissenschaftlichen Sprachgebrauch bislang keine einheitliche Terminologie.

In einem überaus weit gefaßten Sinn kann man darunter die Gesamtheit all jener theoretischen und (oftmals zugleich auch) methodischen Ansätze verstehen, die sich einer ganz bestimmten sozialwissenschaftlichen Denktradition verpflichtet fühlen, welche bis zu den organizistischen Lehren Herbert Spencers und Emile Durkheims zurückverfolgt werden kann. Die frühen wie auch die moderneren Vertreter dieser interdisziplinär bedeutsamen Theorietradition argumentieren hauptsächlich auf der Grundlage des Funktionsbegriffs und versuchen mit seiner Hilfe zu ergründen, welche faktische Wirkung ein isoliert betrachtetes soziales Phänomen (z.B. eine Handlung, eine Rolle oder eine Institution) auf den konkreten Zustand eines anderen, meist erheblich komplexeren Phänomens höherer Ordnung (etwa den eines sozialen Systems) ausübt.[139] In der Regel wird also nach der Konsequenz eines einzelnen Bestandteils eines übergeordneten Ganzen für die Beschaffenheit des Ganzen selbst gefragt. Einige auf diesem Fundament basierende Theorien bzw. die aus ihnen abgeleiteten Modelle haben in den Sozialwissenschaften (insbesondere, wenngleich längst nicht ausschließlich, in der soziologischen Diskussion Mitte des letzten Jahrhunderts) eine derart weitreichende Bedeutung erlangt, daß sie von der Literatur längst in den Rang sozialwissenschaftlicher „Paradigmen"[140] erhoben worden sind. Dies gilt vor allem für Robert K. Mertons „empirischen Funktionalismus"[141], die „strukturell-funktionale" (oder „strukturfunktionalistische") Theorie von Talcott Parsons sowie die „funktionalstrukturelle" Theorie von Niklas Luhmann bzw. deren spätere Weiterentwicklung zur Theorie der „autopoietischen Systeme".[142] In den allermeisten Fällen operieren Theorien, die in funktionalen Kategorien denken, zugleich auch mit dem nahezu ebenso häufig genutzten Systembegriff. Sie werden daher regelmäßig auch als „Systemtheorien" bezeichnet. Von diesen streng zu unterscheiden ist allerdings der sogenannte „Strukturalismus" französischer Prägung. Zwar verwendet

---

[139] Vgl. Messelken 1989, Jary/Jary 1991.

[140] Siehe zu diesem Begriff Kuhn 2001 sowie R. Richter 2001: S. 22-27.

[141] Münch 2004.

[142] Siehe dazu jeweils exemplarisch Merton 1995, Parsons 1964, Luhmann 1974a, 1974b, 1987 sowie überblicksartig Münch 2004.

er ein sehr ähnliches Vokabular wie der Funktionalismus und ist im Kern sogar auf dieselben theoretischen Ursprünge (s.o.) zurückzuführen. Jedoch haben sich beide Schulen bereits frühzeitig auseinanderentwickelt und sind inhaltlich wie methodisch mittlerweile kaum noch miteinander vergleichbar.[143]

In einem engeren Verständnis, dem sich der Verfasser für die nachfolgende Darstellung ausdrücklich anschließt, kann dagegen „Funktionalismus" auch begriffen werden als eine von allen inhaltlichen Annahmen befreite formale Methode zur Erfassung von als problematisch verstandenen Wirkungszusammenhängen zwischen sozialen Systemen und ihren integrierten Elementen, die keiner spezifischen Theorie mehr verpflichtet ist.[144] Vielmehr ist die „funktionale Analyse" (= alternative Bezeichnung für Funktionalismus im engeren Sinn) gerade mit verschiedenen (system-)theoretischen Vorstellungen kompatibel.[145] Denn sie besteht in erster Linie aus der Entfaltung eines abstrakten Kategorienschemas und dessen subsumtiver Anwendung, so daß unterschiedlichste soziale Phänomene unter funktionalen Gesichtspunkten sinnvoll miteinander verglichen werden können. Dieser

> „[…] ‚functionalism' is best viewed, not as a body of doctrine or theory advancing tremendously general principles […], *but rather as a program for research* guided by certain heuristic maxims or ‚working hypotheses'"[146]

3.2 Dimensionen des Funktionsbegriffs

3.2.1 Funktion, Dysfunktion und Eufunktion

Methodisch betrachtet läuft die eingangs gestellte Leitfrage unweigerlich auf einen Vergleich der beiden bereits eingehend beschriebenen Phänomene hinaus. Ein systematischer Vergleich erfordert jedoch einen angemessenen Maßstab. Denn als Methode ist er naturgemäß nur dann wirklich sinnvoll (sprich: der wissenschaftlichen Erkenntnisgewinnung förderlich), wenn nicht willkürlich bzw. rein spekulativ, sondern (nur) im Hinblick auf ein ganz bestimmtes Merkmal[147] und strikt nach zuvor festgelegten Kriterien verglichen wird. Das gemäß der Äquivalenzhypothese interessierende Merkmal, in bezug auf das dieser Vergleich

---

[143] Vgl. Bühl 1975: S. 9. Ein grundrißartiger Überblick über die Ideengeschichte des Funktionalismus in diesem umfassenden Sinn findet sich bei Bühl (1975: S. 12-35) und Münch (2003: S. 23-37).

[144] Vgl. Mayntz 1969, Reimann 1994.

[145] Vgl. Luhmann 1974b: S. 31 f.

[146] Hempel 1959: S. 301, Herv. K.M.

[147] Mit anderen Worten ist also der theoretisch unendlich große Raum prinzipiell vorstellbarer Bezugsdimensionen auf das Minimum zu reduzieren: als Vergleich der Phänomene A und B ausschließlich „in bezug auf" Merkmal x.

von politischen Skandalen und Schauprozessen vorgenommen werden müßte, ist deren jeweilige Funktionalität für das politische System. Denn erst, nachdem die Funktionen beider Phänomene hinreichend bestimmt worden sind, läßt sich auch eine fundierte Aussage darüber formulieren, ob es sich um potentielle funktionale Äquivalente handelt.

Die nun folgenden Abschnitte dienen der Klärung zentraler Begriffe der funktionalistischen Analyse und damit zugleich der Ableitung der entsprechenden Kriterien, anhand derer die zu untersuchenden Phänomene zu vergleichen wären. Bewußt orientiert sich die Entwicklung des Analyserahmens hauptsächlich an den hierfür einschlägigen Arbeiten von Robert K. Merton und Niklas Luhmann. Beide gelten in der Literatur als Vertreter eines konstant mit Vergleichen operierenden sogenannten „Äquivalenzfunktionalismus", der sich gegenüber konkurrierenden Ansätzen durch folgende Vorteile auszeichnet: eine streng durchgehaltene Unterscheidung von Theorie und Methode, eine außerordentliche analytische Flexibilität, die Bereitstellung eines überzeugenden und fruchtbar verwertbaren Begriffsinstrumentariums sowie die vehemente und explizite Zurückweisung von (besonders in logischer und realistischer Hinsicht) teilweise äußerst problematischen Annahmen alternativer funktionalistischer Modelle.[148]

Konstitutiv für jede funktionale Analyse ist natürlich zunächst der Begriff der Funktion selbst. Für den klassischen Funktionalismus ist dieser zumindest teilidentisch mit dem Begriff der Wirkung. Wenn etwa gesagt wird, die Funktion des deutschen Bundesrates bestehe darin, „den Föderalismus gegen eine Aushöhlung durch den Bundesgesetzgeber abzuschirmen"[149], so kann damit gemeint sein, daß

---

[148] So etwa das Postulat der funktionalen Einheit von Gesellschaften, das Postulat der funktionalen Universalität, das Postulat der funktionalen Unersetzbarkeit sowie ferner das Postulat der funktionalen Reziprozität (vgl. Merton 1995: S. 23-33, 35, 48, Bühl 1975: S. 22-26, Esser 1993: S. 367, zu letzterem Gouldner 1959). Ergänzend ist anzumerken, daß sich insbesondere Luhmann außerdem um die weitgehende Entkräftung der wissenschaftstheoretischen Kritik am Funktionalismus (siehe Hempel 1959) verdient gemacht hat (siehe dazu Kapitel 3.3). Selbstverständlich ist auch das äquivalenzfunktionalistische Konzept nicht unkritisiert geblieben. Allerdings hat sich der Fokus der Kritik deutlich verschoben: Zielte die Kritik am kausalitätsorientierten „Erfordernisfunktionalismus" (etwa an Parsons' strukturell-funktionaler Theorie) tendenziell vor allem auf dessen Überbetonung von Stabilität und der daraus resultierenden Schwierigkeit ab, dynamische Prozesse wie Konflikt oder sozialen Wandel erklären zu können (vgl. exemplarisch Dahrendorf 1955: S. 511 f., Schuette 1971: S. 1-8), mußte sich der Äquivalenzfunktionalismus dagegen hauptsächlich mangelnde Präzision, theoretische Beliebigkeit sowie den Hang zu Spekulation und tautologischen Erklärungen vorwerfen lassen (vgl. Druwe 1995: S. 335, 354, Jetzkowitz/Stark 2003: S. 11, Richter 2001: S. 140, 145; siehe außerdem die überaus kritische Darstellung der Beiträge von Merton und Luhmann in Münch 2004).

[149] Rudzio 2000: S. 319, zit. o. Herv. Gewährleistet wird dies vor allem durch die in Art. 50 GG garantierten (und in weiteren Verfassungsbestimmungen näher konkretisierten) Mitwirkungsrechte der Länder an der Gesetzgebung und der Verwaltung des Bundes.

die Institution Bundesrat ebendiese Abschirmung ursächlich bewirkt bzw. daß die Abschirmung des Föderalismus eine unmittelbare Folge der Existenz des Bundesrates darstellt.

Nach diesem Verständnis stellen Funktionen jedoch keine beliebigen Wirkungen dar, sondern nur solche, die einen (positiven) Beitrag zur Systemerhaltung leisten.[150] Sie dienen folglich der Stabilisierung und damit der permanenten Selbstreproduktion eines Systems. Funktion heißt demnach nichts anderes als die Erfüllung einer bestimmten Aufgabe, die wiederum erforderlich ist, damit das System in seinem gegenwärtigen Zustand weiterexistieren kann. Indem ein einzelner Bestandteil eine bestimmte Leistung für das Gesamtsystem erbringt, sorgt er dafür, daß das System als Ganzes „funktioniert", also exakt *so* arbeitet *wie* es arbeitet. Erst die effiziente Funktionserfüllung seiner wesentlichen Teile bildet mithin die notwendige Grundlage dafür, daß das System selbst in die Lage versetzt wird, seinerseits eine spezifische Aufgabe zu erfüllen, in der sein ureigenster Daseinszweck bzw. seine Existenzberechtigung besteht. So besteht etwa die Funktion des politischen Systems im „Bereithalten der Kapazität zu kollektiv bindendem Entscheiden."[151] Wenn daher nach der Funktion einzelner Strukturen[152] des politischen Systems gefragt wird, ist vor allem zu ermitteln, welche für ebendieses Bereithalten erforderliche Leistung sie jeweils bereitstellen. Dies läßt sich ebenfalls am Beispiel des Bundesrates anschaulich vergegenwärtigen: Er trägt zur Erhaltung der Entscheidungskapazität der Länder bei, indem er einer Ausdehnung des Machtanspruchs des Bundes zu ihren Ungunsten entgegenwirkt und dadurch eine substantielle Gefährdung des föderalen Gesamtgefüges verhindert.

Aus den bisherigen Überlegungen folgen zwei weitere: Erstens muß die Funktion einer sozialen Struktur, etwa einer Institution, keinesfalls ihrem offiziellen Zweck oder den tatsächlichen Motiven der beteiligten Akteure entsprechen.[153] Die der Struktur subjektiv beigemessenen Zielvorstellungen können sich naturgemäß je nach Akteursperspektive deutlich voneinander unterscheiden oder auch voll-

---

[150]   Vgl. u.a. Mikl-Horke 1997: S. 221 f., Morel et al. 2001: S. 150, Kneer/Nassehi 2000: S. 36, 39, Esser 1993: S. 363, Münch 1976: S. 127 f.

[151]   Luhmann 2002: S. 84. Dessen übergeordnetes Referenzsystem, in bezug auf das diese Funktion des politischen Subsystems ausgeübt wird, stellt nach Luhmann die Gesellschaft dar, das inklusivste aller sozialen Systeme, außerhalb dessen es keine Sozialität mehr geben kann.

[152]   Bewußt ist an dieser Stelle von „Strukturen" und nicht etwa von „Elementen" die Rede, obwohl die beiden Begriffe in der Literatur häufig synonym verwendet werden. Zwar geht es in beiden Fällen um Bestandteile eines Systems. Während Strukturen jedoch ebenfalls hochgradig komplex sind (z.B. ein Skandal), handelt es sich bei Elementen um atomistische Einheiten, d.h. um solche, die nicht mehr weiter zerlegt werden können (z.B. eine einzelne Kommunikation innerhalb eines Skandals). Vgl. Luhmann 1987: S. 43, 62, 73 f.

[153]   Vgl. Merton 1995: S. 21 f., siehe allerdings auch Kapitel 3.2.3 dieser Arbeit.

kommen irrational sein. Dagegen wird ihre Funktion für das System per definitionem stets als rational und objektiv feststellbar angesehen. Zweitens wird deutlich, daß die Verwendung des Funktionsbegriffs unweigerlich den Begriff des Systems voraussetzt.

Der traditionelle Gegenbegriff zur Funktion lautet „Dysfunktion". Damit ist die Vorstellung einer eindeutig und ausschließlich negativen Wirkung auf die Systemerhaltung verbunden. Während die Funktion den Fortbestand eines sozialen Systems gerade konstruktiv unterstützt, meint Dysfunktion im Unterschied dazu die Leistung eines Beitrags, der sich signifikant destruktiv auf den Reproduktionszusammenhang des Systems auswirkt, indem er dessen „Arbeitsprozeß" nachhaltig stört bzw. beeinträchtigt. Dysfunktionale Strukturen verfügen somit über das Potential, entweder die konkrete Existenz oder aber zumindest den gegenwärtigen Zustand des Systems zu gefährden. Es handelt sich um Wirkungen, die den reibungslosen Ablauf im Gesamtsystem tendenziell destabilisieren, also dazu in der Lage sind, dieses aus seinem als „natürlich" angenommenen Gleichgewicht zu bringen und seine Aufgabenerfüllung zu behindern. So hemmt etwa der Bundesrat tendenziell die Reformfähigkeit des politischen Systems der Bundesrepublik Deutschland, weil er in zentrale Entscheidungsprozesse als Veto-Spieler[154] involviert ist. Seine Eigenschaft als institutionelle Hürde birgt nicht nur eine weitere Möglichkeit der Blockade oder Verzögerung von Entscheidungen, sondern produziert vor allen Dingen auch einen nicht unerheblichen Konkordanzzwang,[155] der regelmäßig zur Bildung von wenig innovativen Kompromissen führt.

Älteren funktionalistischen Ansätzen zufolge schließen sich Funktionalität und Dysfunktionalität einer sozialen Struktur gegenseitig logisch aus. Die vorherrschende Überzeugung war, daß jede Struktur entweder nur positiv oder nur negativ wirken könne, also der systemischen Bestandserhaltung ausschließlich förderlich oder aber vollkommen abträglich sein müsse. Nicht wenige Autoren, die sich zur Funktionalität von politischen Skandalen in der jeweils einen oder anderen Weise geäußert haben, scheinen nach wie vor in dieser Vorstellung verhaftet zu sein, woraus sich die Herausbildung einer entsprechenden Kontroverse erklärt.[156] Bereits am einfachen Beispiel des Bundesrates zeigt sich jedoch deutlich, daß die Annahme eines derartigen Widerspruchs weder zweckmäßig noch überzeugend ist. Merton bezeichnete sie sogar als „mehrfach kontrafaktisch"[157].

---

154 Veto-Spieler sind politische Akteure, die über das Potential verfügen, „von anderen geplante oder in Gang gesetzte politische Maßnahmen zu verhindern oder zu unterbinden." (Schmidt 1995: S. 1027). Siehe ferner zum Index der Veto-Spieler Schmidt 2000: S. 351 354.

155 Vgl. Rudzio 2000: S. 323-328.

156 Siehe hierzu Kapitel 4.2.

157 Merton 1995: S. 25.

Allerdings ist von Niklas Luhmann ein alternatives Verständnis dieser Begriffe vorgeschlagen worden. Seiner Ansicht nach stellen Funktionen keine Wirkungen, sondern vielmehr existentielle Probleme dar, mit denen ein System sich im Zuge seiner Bildung und Entwicklung zwangsläufig immer wieder konfrontiert sieht und für die es jeweils geeignete Lösungen finden muß.[158] Die systemische Reaktionsstrategie auf diese Anforderungen besteht in der Ausprägung und permanenten Anpassung von Strukturen. So ist selbst die im klassischen Kausalfunktionalismus noch als selbstverständlicher Normalzustand unterstellte Stabilität nach dieser Vorstellung nun gerade keine generelle Systemeigenschaft mehr, sondern gestaltet sich ebenfalls als Problem, das durch entsprechende Strukturbildung erst einmal gelöst werden muß.[159] Falls ein spezifisches Problem durch eine Struktur mehr oder weniger effizient gelöst werden kann, gilt sie hinsichtlich dieses einen Problems als funktional. Wird ein derartiges Problem hingegen durch eine bestimmte Struktur erst hervorgerufen oder jedenfalls deutlich verschärft,[160] handelt es sich um eine (diesbezüglich) dysfunktionale Struktur.

Damit kann man bezüglich der Funktionalität einer Struktur auf die Frage abstellen, welches spezifische Systemproblem sie grundsätzlich bearbeitet, also faktisch löst oder auslöst bzw. zumindest abmildert oder aber verschlimmert. Zur Vermeidung von begrifflichen Unklarheiten soll „Funktion" im folgenden daher stets in diesem umfassenden und neutralen Sinn verstanden werden, d.h. lediglich als generelle Bearbeitung eines charakteristischen Systemproblems.[161] Soll dagegen explizit die positive oder negative Bearbeitung zum Ausdruck gebracht, sprich: der tendenziell problemlösende bzw. problemerzeugende Effekt einer Struktur betont werden, ist jeweils ausdrücklich von „Eufunktion" bzw. „Dysfunktion" die Rede.[162]

---

[158] Jedoch nicht, um „überlebensfähig" zu bleiben, wie es etwa die strukturfunktionalistische Theorie von Parsons postulierte (vgl. Münch 2003: S. 29 f.), da nach Luhmann gesellschaftliche Funktionssysteme im Gegensatz zu organischen Systemen nicht „sterben" können (vgl. Luhmann 1974a: S. 18 f., 1974b: S. 33, ebenfalls Esser 1993: S. 362; diesbezüglich ausdrücklich anderer Auffassung Druwe 1995: S. 356), sondern lediglich zur Vermeidung von fundamentalen Systemveränderungen (im Fall politischer Systeme bspw. Transition).

[159] Vgl. Luhmann 1974b: S. 39-42.

[160] Vgl. Schneider 2004: S. 55.

[161] Die analytischen Vorteile dieses alternativen Funktionsbegriffs werden aus Gründen systematischerer Darstellung nicht an dieser Stelle, gleichwohl aber ausführlich in den Kapiteln 3.3 und 4 präsentiert.

[162] In der Literatur wird „Funktion" in aller Regel ausschließlich positiv verstanden. Jedoch stellt auch eine Dysfunktion eine Funktion im oben gemeinten Sinn eines allgemein systemrelevanten Problems dar. Die Einführung des Begriffs „Eufunktion" soll daher die notwendige Unterscheidung zwischen positiver und negativer Systemrelevanz zusätzlich verdeutlichen, auch auf die Gefahr hin, daß dieser Begriff möglicherweise pleonastisch anmuten mag.

Für den Untersuchungsgegenstand stellt sich somit die Frage, welches spezifische Problem des politischen Systems von Schauprozessen *und* politischen Skandalen jeweils positiv oder negativ bearbeitet wird.

3.2.2 Multifunktionalität und funktionale Spezifikation

Der Begriff „Multifunktionalität" bezeichnet den Fall, daß eine einzelne Struktur mehrere verschiedene Funktionen zugleich erfüllt. So integriert beispielsweise der Bundesrat nicht nur die Interessen der Gliedstaaten, sondern auch administrative Aspekte in die Entscheidungsprozesse des Bundes.[163] Folglich löst er zugleich das Problem der Möglichkeit einer parlamentarischen Untergrabung der föderalen Ordnung sowie das Problem der Reduzierung von Diskrepanzen zwischen legislativem Anspruch politischer Entscheidungen und der Wirklichkeit ihrer operativen Umsetzung durch die Verwaltungsbehörden der Länder. Darüber hinaus leistet der Bundesrat aufgrund seiner Stellung und Kompetenzen auch einen eigenen Lösungsbeitrag zum Problem der allgemeinen Machtkontrolle von Parlament und Regierung.[164]

Der entsprechende Gegenbegriff zur Multifunktionalität lautet „funktionale Spezifikation". Analog wird damit die Konzentration einer Struktur auf die Ausübung einer einzigen Funktion beschrieben. Daraus ergibt sich notwendig die Frage, unter welchen Bedingungen welcher der beiden Fälle vorliegt. Womöglich lassen sich bestimmte Strukturen identifizieren, die automatisch immer als multifunktional bzw. funktional spezifiziert gelten können. Nach Luhmanns Theorie der funktionalen Differenzierung etwa ist für die moderne Gesellschaft kennzeichnend, daß sich deren einzelne Subsysteme (Politik, Religion, Wirtschaft, Recht usw.) im Lauf ihrer evolutionären Entwicklung (verstanden als stetiger Differenzierungsprozeß) zunehmend auf eine einzige Funktion spezialisieren und schließlich auch konzentrieren konnten. Dadurch werden sie immer deutlicher voneinander unterscheidbar, also funktional exklusiver, so daß man ab dem Erreichen eines bestimmten Niveaus an funktionaler Differenzierung sogar von der erfolgreichen Monopolisierung ihrer jeweils spezifischen Funktionen sprechen kann.[165] Hält man diese Vorstellung auf systemischer Ebene für plausibel, so ist damit jedoch noch längst nicht gesagt, daß folglich auch sämtliche *Strukturen* eines Teilsystems der modernen Gesellschaft (etwa die des politischen Systems) zwangsläufig funktional spezifiziert sein müssen, obwohl man eine generelle

---

[163]   Vgl. Rudzio 2000: S. 319, Schneider 2001: S. 243.

[164]   Vgl. Katz 2002: S. 190. Im Bundesrat verwirklicht sich somit insbesondere das Prinzip der organisatorischen Gewaltenteilung.

[165]   Vgl. Brodocz 2001: S. 474-480. Da es sich bei der so verstandenen Modernisierung um einen kontinuierlichen Prozeß handelt, ist natürlich kein exakter Punkt bestimmbar. Der Übergang zur Bildung funktionaler Monopole erfolgte vielmehr fließend.

Tendenz in diese Richtung sicherlich mit guten Gründen annehmen kann.[166] Almond und Powell zufolge sind beispielsweise zumindest alle politischen Strukturen grundsätzlich multifunktional, nach Ansicht von Bühl sogar alle sozialen Strukturen schlechthin.[167] Luhmann selbst argumentiert diesbezüglich folgendermaßen:

> „Jede Organisation muß verschiedenartige, zueinander widerspruchsvolle Systembedürfnisse zugleich erfüllen. Sie wird deshalb von Problemen (‚organizational dilemmas') geplagt, die durch Strukturentscheidungen [...] gelöst werden. Jede Lösung hat ‚dysfunktionale' Folgen im System, die wiederum als Probleme bewußt werden, zu neuartigen Lösungen stimulieren usw."[168]

Demnach erzeugt eine soziale Struktur in der Regel gewisse Vor- und Nachteile zugleich, die allerdings nicht unmittelbar zu vergleichen sind, da sie an jeweils unterschiedliche Problemlagen des Systems anknüpfen. Mit anderen Worten neigen Strukturen also dazu, im Hinblick auf ein bestimmtes Problem (oder mehrere) eufunktional zu sein, während sie gleichzeitig ein ganz anderes Problem (oder mehrere) dysfunktional bearbeiten. Damit wird der scheinbar bestehende logische Widerspruch zwischen Eu- und Dysfunktion aufgelöst. Sehr wohl kann eine Struktur diese beiden Merkmale zugleich erfüllen, wenn eben nicht (wie beim kausalorientierten Funktionalismus) nur auf den Systembestand, sondern (mit Luhmann) auf gänzlich verschiedene Arten von Problemen abgestellt wird, hinsichtlich derer naturgemäß auch ebenso verschiedene Konsequenzen der Struktur zu erwarten sind.[169] Erneut möge der Bundesrat als Beispiel dienen: Zwar trägt er einerseits zur Verwirklichung der Gewaltenteilung sowie zum Interessenausgleich zwischen Glied- und Gesamtstaat bei, reduziert aber andererseits systematisch dessen Innovationspotential.

Mithin kann festgehalten werden, daß auch Luhmann die grundsätzliche Multifunktionalität aller sozialer Strukturen (im Sinne des unter 3.2.1 herausgearbeiteten „neutralen" Funktionsbegriffs) unterstellt. Er lehnt den Ansatz Mertons ausdrücklich ab, der sich dafür ausspricht, sämtliche positiven und negativen Folgen gegeneinander aufzurechnen, um eine „Nettobilanz der Gesamtfolgen"[170] zu erstellen, mit deren Hilfe abschließend beurteilt werden könne, ob die Struktur insgesamt eher eufunktional oder eher dysfunktional sei. Dieser Punkt wird allerdings für die spätere Argumentation in Kapitel 4.2 noch eine gewisse Rolle spielen.

---

[166]   Vgl. Dogan/Pelassy 1990: S. 41.

[167]   Vgl. Almond/Powell 1966: S. 31, Bühl 1975: S. 65.

[168]   Luhmann 1974b: S. 34.

[169]   Vgl. Luhmann 1974a: S. 21 f.

[170]   Merton 1995: S. 48. Der Originalbegriff lautet „net balance of the aggregate of consequences", zit.n. Luhmann 1974a: S. 29, En. 36.

Ebenfalls erweist sich somit die Annahme der absoluten Rationalität von Funktionen als überaus fragwürdig. Denn wenn jede erfolgreiche Problemlösung unweigerlich mit der Erzeugung oder Verschärfung eines neuen Problems einhergeht, so kann deren Institutionalisierung nur noch bedingt rational sein – stets vorausgesetzt, das System besitzt überhaupt ein intrinsisches Interesse an der Lösung seiner Probleme. Vollständige Systemrationalität könnte nämlich strenggenommen nur dann vorliegen, wenn aus einer gegebenen Auswahl an Strukturalternativen immer ausschließlich die jeweils effektivste verwirklicht werden würde, also eine solche, die den aggregierten Nutzen der Problemlösung maximiert bzw. (in der Terminologie Mertons) deren Nettobilanz der Gesamtfolgen größtmöglich positiv ausfällt. Doch Schaden und Nutzen einer Struktur sind, wie bereits festgestellt, regelmäßig erst gar nicht sinnvoll miteinander vergleichbar. Außerdem sind soziale Systeme generell nur in eng begrenztem Ausmaß zu rationalem „Entscheiden" fähig.[171] Dagegen scheinen sie Problemlösung vielmehr durch permanente Experimentierprozesse nach dem altbekannten Schema „Versuch und Irrtum" zu vollziehen.

Ob nun Schauprozesse und politische Skandale lediglich eine einzige oder aber mehrere Funktionen zugleich erfüllen, kann letztendlich nur durch die Funktionsanalyse selbst befriedigend beantwortet werden. Eine vorherige theoretische Festlegung erscheint weder geboten noch sinnvoll. Gleichwohl handelt es sich um eine sehr bedeutsame Frage, denn die Qualifizierung der beiden Phänomene als multifunktional oder funktional spezifisch birgt weitere wichtige Konsequenzen. In Anlehnung an Luhmann läßt sich nämlich folgende Hypothese aufstellen: Mit steigender Anzahl ihrer Eufunktionen steigt gleichzeitig die relative Stabilität einer gegebenen Struktur, weil ihre Verdrängung durch alternative Formen[172] einen immer größeren Aufwand erfordern würde. Denn sie müßte ja schließlich im Hinblick auf jedes einzelne Systemproblem, das sie zu lösen imstande ist, angemessen ersetzt werden (können), was mit zunehmender Problemlösungskapazität immer mühevoller wird. Dadurch dürfte sich die Struktur für das System tendenziell als immer unentbehrlicher erweisen.[173] Im Umkehrschluß ist logischerweise genau der entgegengesetzte Zusammenhang zu erwarten: Mit steigender Anzahl ihrer Dysfunktionen sinkt gleichzeitig die relative Stabilität einer gegebenen Struktur, weil der motivationale Anreiz zu ihrer Verdrängung für das System immer größer und dringlicher wird. Selbstverständlich gelten beide Hypothesen lediglich *ceteris paribus*. Ebenso könnten sich die Effekte gegebenenfalls gegenseitig neutralisieren.

Damit ließen sich also zusätzliche Überlegungen dahingehend anstellen, wie leicht bzw. wie schwer die Institutionen „Schauprozeß" und „politischer Skan-

---

[171]   Vgl. Luhmann 1968: S. 180, Luhmann 1987: S. 132, zit.n. Kneer/Nassehi 2000: S. 191.

[172]   Präziser: durch funktionale Äquivalente; siehe dazu Kapitel 3.2.4.

[173]   Vgl. Luhmann 1974a: S. 21, Luhmann 1968: S. 163, Merton 1995: S. 77.

dal" *grundsätzlich* ersetzbar sind, was bezüglich der generellen Frage nach ihrer funktionalen Äquivalenz eine qualitative Gewichtung der Antwort ermöglicht. Außerdem ist deutlich geworden, warum diese Antwort womöglich differenziert ausfallen muß, falls es sich tatsächlich um multifunktionale Strukturen handeln sollte: weil dann nämlich die Äquivalenz der beiden Phänomene in bezug auf jede ihrer Funktionen gesondert zu beurteilen wäre.

3.2.3 Manifeste und latente Funktionen

Die Unterscheidung von „manifest" und „latent" geht ursprünglich auf den weltberühmten Psychoanalytiker Sigmund Freud zurück. Daß diese Begriffe auch für funktionsanalytische Zwecke nutzbar gemacht werden konnten, ist insbesondere den Arbeiten Robert K. Mertons zu verdanken.[174] Ähnlich wie Freud bezeichnet er damit ein Bewußtseinsgefälle: Die manifeste Funktion einer sozialen Struktur ist den am System beteiligten Akteuren vollumfänglich bewußt und wird von ihnen beabsichtigt. Sie liegt also immer dann vor, wenn „das subjektiv ins Auge gefaßte Ziel und die objektive Folge zusammenfallen"[175]. Demnach stimmt die manifeste Funktion mit dem offiziellen Zweck der Struktur, mit ihrer von den teilnehmenden Akteuren selbst als solche kommunizierten Existenzberechtigung überein. Die latente Funktion stellt demgegenüber eine verborgene Folge dar, deren Existenz den Teilnehmern gänzlich unbewußt ist, ihrer Kenntnis also entzogen bleibt und daher natürlich keinesfalls intendiert sein kann.[176]

Jedwede Funktion läßt sich somit der Kategorie „manifest" oder „latent" zuordnen, ebenso wie alle Funktionen nach „Eufunktion" und „Dysfunktion" klassifiziert werden können. Jedoch stellt sich, worauf Richard Münch völlig zu Recht hingewiesen hat, bei Mertons Ansatz das nicht zu unterschätzende forschungspraktische Problem, daß manifeste und latente Funktionen kaum jemals wirklich eindeutig als solche bestimmbar sind.[177] Denn psychische Systeme sind der direk-

---

[174] Siehe hierzu Merton 1995, insb. S. 59-78.

[175] Ebd.: S. 49.

[176] Es besteht allerdings Unklarheit bezüglich der Frage, wie der von Merton anscheinend nicht bedachte (aber durchaus vorstellbare) Fall zu klassifizieren ist, wenn Bewußtsein und Intention empirisch eben *nicht* zusammenfallen, sprich: wenn die Folgen zwar bewußt werden, aber dennoch nicht beabsichtigt sind. Ebenso bleibt offen, wie mit der bereits unter 3.2.1 angesprochenen Tatsache umgegangen werden soll, daß unterschiedliche Akteure sehr häufig auch unterschiedliche Ansichten über den Zweck ein- und derselben Sache vertreten. Ob einer Struktur, der von verschiedenen Seiten ganz offensichtlich divergierende Zwecke zugesprochen werden, deswegen nun auch mehrere manifeste Funktionen attestiert werden sollen, oder ob sich nur diejenige durchsetzt, welche am häufigsten bzw. intensivsten kommuniziert wird, wird von Merton ebenfalls nicht beantwortet.

[177] Vgl. Münch 1976: S. 136.

ten Beobachtung von außen grundsätzlich nicht zugänglich.[178] Daher kann man letztlich nur sehr indirekt auf das bei involvierten Akteuren (nicht)vorhandene Bewußtsein einer Funktion schließen, nämlich lediglich aufgrund der Beobachtung anderer Merkmale wie etwa deren Äußerungen oder faktisches Verhalten. Ein solcher Schluß wiederum fußt jedoch augenscheinlich auf äußerst gewagten theoretischen Unterstellungen. Überdies erscheint die Vorstellung, daß beteiligte Akteure stets nur *einige* der Konsequenzen ihres Handelns für das System ermessen können, während ihnen andere dauerhaft verborgen bleiben, jedenfalls in einer modernen Wissens- und Informationsgesellschaft eher fragwürdig.[179] Zumindest bei sozial konstruierten Kommunikationsstrategien wie Skandalisierung und Schauprozeß, die ja nahezu vollständig auf bewußter und zielgerichteter Inszenierung beruhen, ist davon auszugehen, daß sich die maßgeblichen Akteure den unterschiedlichen funktionalen Implikationen ihrer Handlungen durchaus bewußt sind, oder – im diesbezüglich wahrscheinlich kritischsten Fall des rezipierenden Publikums – sich dieser wenigstens bewußt werden *können*.

Aus diesen Gründen ist es für die vorzubereitende funktionsanalytische Untersuchung wohl zweckmäßiger, nicht auf Bewußtsein, sondern stattdessen ausschließlich auf Kommunizierbarkeit abzustellen. Selbst unter der Voraussetzung, daß sich die Beteiligten über sämtliche Funktionen einer Struktur hinreichend bewußt sind, können in der Regel trotzdem nicht alle diese Funktionen auch ohne weiteres kommuniziert werden.[180] Während manifeste Funktionen unter kommunikativen Gesichtspunkten unproblematisch sind, zeichnen sich latente Funktionen dadurch aus, daß über sie grundsätzlich nicht gesprochen werden kann, jedenfalls nicht öffentlich. Sie sind höchstens im Gespräch mit eng vertrauten Personen thematisierbar. Offiziell dürften sie gar nicht existieren, weil sie dem vorgesehenen Zweck der Struktur gerade *nicht* entsprechen. Das, was eine Struktur nach in der Gesellschaft vorherrschender Ansicht ausschließlich leisten *soll*, nämlich ihre manifeste Funktion, steht zwangsläufig in Widerspruch zu dem, was sie eigentlich nicht leisten soll, aber dennoch faktisch leistet: ihrer latenten Funktion.[181]

---

[178] Vgl. Kneer/Nassehi 2000: S. 62.

[179] Nicht zufällig bildet der Regentanz der Hopi-Indianer, also das Ritual einer einfachen Stammesgesellschaft, welche segmentär und noch nicht funktional differenziert ist und somit nach Luhmannschen Definitionskriterien als vormodern gilt, *das* Standardbeispiel schlechthin für die Erläuterung der Begriffe „manifeste" und „latente" Funktion. Zugegebenermaßen ist dieser Umstand natürlich zum Teil auch der Tatsache geschuldet, daß sich die funktionale Analyse als eigenständige Methode zunächst vor allem in der frühen ethnologischen und kulturanthropologischen Forschung etablieren konnte.

[180] Vgl. zur Unterscheidung von Bewußtseins- und Kommunikationslatenz Luhmann 1987: S. 456-465.

[181] Obwohl sich die Assoziation mit dem Begriff „unerwünschter Nebeneffekt" förmlich aufdrängt, erscheint dieser aus folgenden Gründen dennoch als wenig sinnvoll, um die Rolle latenter Funktionen zu charakterisieren: Zum einen suggeriert *Neben*effekt eine

Latente Funktionen stellen also prinzipiell die Geltung derjenigen Normen bzw. Überzeugungen in Frage, welche abschließend den Zweck definieren, der der Struktur offiziell beigemessen wird. Damit beinhaltet die Thematisierung latenter Funktionen zugleich immer auch die Nichtanerkennung dieser Maßstäbe, weshalb sie grundsätzlich vermieden wird. Findet nämlich im Ausnahmefall dennoch Kommunikation über eine latente Funktion statt, so ist stets damit zu rechnen, daß diese umgehend als Normverstoß sanktioniert wird. Folglich können latente Funktionen im Gegensatz zu manifesten keine Legitimität für sich beanspruchen. Es fehlt ihnen an Anerkennung durch die öffentliche Meinung. Deshalb können sich Akteure auch immer nur auf die *manifeste* Funktion einer Struktur öffentlich berufen.

Als (rein hypothetisches) Beispiel stelle man sich die öffentliche Debatte um eine radikale Reformierung des Bundesrates vor: Hierbei ließe sich gewiß ohne Schwierigkeiten die Frage stellen, wie denn in Zukunft die Mitwirkung der Länder an der Bundesgesetzgebung gewährleistet werden solle. Man könnte aber eben *nicht* beklagen, daß der Opposition durch die Reform möglicherweise ein höchst wirksames Blockadeinstrument entzogen werde, mit dessen Hilfe man die Arbeit der regierenden Koalition so trefflich behindern könne. Ebenso undenkbar erscheint der Einwand, man stelle damit *das* zentrale Forum zur Disposition, welches die Ministerpräsidenten der Länder doch dringend benötigten, um sich auf der bundespolitischen Bühne zu etablieren und sich dadurch als aussichtsreiche Bewerber um bundespolitische Ämter und Aufgaben zu qualifizieren.[182] Da die beiden letztgenannten Kritikpunkte latente Funktionen ansprechen, können sie im öffentlichen Diskurs nicht als legitime Argumente gewertet werden. Diese Funktionen sind den kommunizierenden Akteuren sicherlich bewußt, aber weil sie eben nicht dem offiziellen Zweck des Bundesrates entsprechen, erweisen sie sich gegenüber unverborgener Thematisierung als äußerst empfindlich.

Erweist sich eine Funktion als latent, kann man darüber hinaus auch noch nach der Funktion der Latenz selbst fragen,[183] also nach Problem, das durch die Nichtkommunizierbarkeit der Funktion gelöst wird. Normalerweise dürfte die Antwort darauf eine Variante des allgemeingültigen Grundsatzes darstellen, daß Latenz die gleichzeitige Realisierung einander scheinbar ausschließender Funktionen ermöglicht.[184] Durch Tabuisierung der Kommunikation können empfindliche System-

---

[182] gegenüber den manifesten Funktionen weitaus schwächere Problembearbeitungskapazität, was keineswegs der Fall sein muß. Zum anderen können sich latente Funktionen für einzelne Akteure als überaus wünschenswert erweisen – nämlich für diejenigen, die dadurch Vorteile erlangen. Nur dürfen sie dies eben nicht öffentlich zugeben. Unerwünscht sind latente Funktionen stets nur aus Sicht einer normsetzenden Mehrheit.
Siehe Schneider 2003: S. 137-139, 242, 247. Die Ministerpräsidenten gelten bspw. mit als die wichtigste Rekrutierungselite für Kanzlerkandidaturen (vgl. ebd.: S. 383-385).

[183] Vgl. ebd.: S. 89, ferner Mikl-Horke 1997: S. 292.

[184] Vgl. Schneider 2004: S. 57.

störungen vermieden werden, die zweifellos aufträten, falls man die latente Funktion eben nicht verschweigen würde. Der Verzicht auf Latenz hieße letztlich eine irreversible Manifestation der Funktion im Sinne ihrer kommunikativen Offenlegung. Das System wäre gezwungen, hierauf mit der Einleitung von gravierenden Strukturveränderungsprozessen zu reagieren: Entweder müßte es diejenigen normativen Grundsätze verändern, zu denen die Funktion in offensichtlichem Widerspruch steht, etwa um den offiziellen Zweck der Struktur neu zu definieren. Oder es müßte die Struktur selbst anpassen, was in aller Regel darauf hinauslaufen dürfte, sie in ihrer bestehenden Form endgültig aufzugeben und nach möglichen Alternativen zur Verwirklichung der gewünschten (manifesten) Funktion zu suchen.[185] Latente Funktionen können folglich nur *unter der Bedingung ihrer eigenen Latenz* mit den manifesten Funktionen zugleich aufrechterhalten werden. Latenz gewährleistet also die Vereinbarkeit von grundsätzlich Unvereinbarem. Die Vermeidung ihrer Kommunikation stellt sicher, daß die latente Funktion trotz ihres Widerspruchs zur manifesten Funktion weiterhin vollumfänglich erfüllt werden kann, ohne daß eine der beiden Funktionen dadurch in ihrem Bestand gefährdet wird. Latenz dient dazu, Spannungsverhältnisse zwischen Funktionen aufzulösen und trägt somit zur Effektivitätssteigerung des Gesamtsystems bei.

In bezug auf Schauprozesse und politische Skandale wäre daher zunächst zu klären, welche ihrer charakteristischen Funktionen sich als kommunizierbar bzw. unkommunizierbar herausstellen, warum gegebenenfalls Latenz vorliegt und schließlich, ob sich die beiden Phänomene als äquivalent hinsichtlich ihrer manifesten und/oder ihrer latenten Funktion(en) erweisen.

3.2.4 Funktionale Äquivalenz

> „Genau so wie ein- und dasselbe Phänomen mehrfache Funktionen haben kann [= Multifunktionalität], so kann auch ein- und dieselbe Funktion von jeweils anderen Phänomenen auf jeweils andere Weise erfüllt werden."[186]

Zur Bezeichnung des letzteren Sachverhalts hat sich der Begriff „funktionale Äquivalenz"[187] durchgesetzt. Dabei geht es um die Substituierbarkeit sozialer

---

[185]   Aus diesem Grund spricht Luhmann selbst von der „Latenz mit der Funktion des Strukturschutzes" (Luhmann 1987: S. 459).

[186]   Merton 1995: S. 31, Anm. K.M.

[187]   Obwohl bereits Durkheim diesen Begriff verwendete, hat er erst durch Merton ausreichende theoretische Fundierung erfahren und sich seitdem als eines der wichtigsten Standardinstrumente funktionaler Analysen etabliert (vgl. Münch 2003: S. 27, Bühl 1975: S. 24). In den Arbeiten Luhmanns wurde er nochmals theoretisch aufgewertet, da speziell Luhmann den gesamten Funktionalismus als eine auf dem Äquivalenzbegriff schlechthin *basierende* Methode begreift (siehe dazu Luhmann 1974a sowie Kapitel 3.3).

Strukturen im Hinblick auf eine bestimmte Funktion. Falls zwei unterschiedliche Strukturen ein identisches Systemproblem gleichermaßen bearbeiten, also beide einen jeweils eigenständigen Beitrag zur Lösung bzw. zur Erzeugung desselben Problems leisten, so daß sie unter diesem Gesichtspunkt theoretisch nach Belieben gegeneinander ausgetauscht werden könnten, ohne daß sich daraus nennenswerte Konsequenzen für die Problembearbeitung *an sich* ergeben würden, handelt es sich um funktionale Äquivalente.

Der Bundesrat könnte etwa hinsichtlich seiner Funktion der Interessenvertretung der Bundesländer durch einen Senat ersetzt werden, also einer echten zweiten Kammer nach USamerikanischem Vorbild, deren Mitglieder entweder von den einzelnen Landtagen oder aber von den jeweiligen Bevölkerungen der Bundesländer direkt gewählt würden.[188] Damit wäre jedoch die Integration von bürokratischem Sachverstand nicht mehr gewährleistet. Suchte man hingegen nach Äquivalenten zu der latenten Funktion des Bundesrates, den Ministerpräsidenten eine angemessene Plattform zur Verwirklichung ihrer bundespolitischen Ambitionen zur Verfügung zu stellen, so offenbarten sich vermutlich ganz andere Lösungsmöglichkeiten: zum Beispiel eine Offizialisierung der Ministerpräsidentenkonferenz[189] dahingehend, daß man sie als oberstes Bundesorgan institutionalisieren und mit verfassungsrechtlich garantierten Kompetenzen und Pflichten ausstatten würde. Der gleiche Effekt wäre aber theoretisch auch mit der Einführung einer Regelung zu erzielen, wonach die Ministerpräsidenten ex officio zu Mitgliedern des Bundesvorstands oder sogar des Präsidiums ihrer Partei bestellt werden.[190]

Die Beispiele demonstrieren drei sehr wichtige Implikationen der funktionalen Äquivalenz: Erstens handelt es sich um ein Konzept, das sich grundsätzlich auf *eine* Problemdimension bezieht. Für jedes einzelne Problem müssen folglich jeweils eigene Äquivalente gefunden werden; nur selten kann eine soziale Struktur im Hinblick auf mehrere ihrer Funktionen durch eine einzige andere Struktur gleichwertig ausgetauscht werden.[191] Zweitens stellen funktionale Äquivalente wohlgemerkt *theoretisch* ersetzbare Alternativen zur Funktionserfüllung dar; damit wird keineswegs behauptet, daß der institutionelle Austausch funktional äquivalenter Strukturen stets auch praktisch ohne weiteres vollzogen werden kann. In der Realität werden derartige Möglichkeiten nur allzu häufig durch restriktive Rahmenbedingungen begrenzt oder sogar grundsätzlich ausgeschlossen – man denke etwa an die generelle Unvereinbarkeit bestimmter Institutionen mit gelten-

---

[188] Tatsächlich konkurrierte in der Verfassungsdiskussion der Jahre 1948/49 das von der SPD favorisierte Senatsmodell mit der letztendlich durchgesetzten Alternative Bundesrat, die eher von den Unionsparteien bevorzugt worden war (vgl. Rudzio 2000: S. 316).

[189] Siehe zur Ministerpräsidentenkonferenz eingehend Schneider 2001: S. 254-266.

[190] Letzteres ist gegenwärtig etwa bei der Christlich-Demokratischen Union der Fall; siehe http://www.cdu.de./partei/15_197.htm (letzter Zugriff am 08.07.2007).

[191] Vgl. Luhmann 1968: S. 162.

den Rechtsnormen.[192] Ob bzw. unter welchen Voraussetzungen eine real existierende Struktur durch eines ihrer funktionalen Äquivalente *tatsächlich* ausgewechselt (oder ergänzt) werden kann, stellt sich somit als rein empirische Frage dar, die jeweils nur im konkreten Einzelfall zu beantworten ist.[193] Daß die funktionale Äquivalenz der beiden Strukturen als solche prinzipiell vorstellbar ist und theoretisch begründet werden kann, bildet hierfür zwar eine notwendige, aber noch keine hinreichende Bedingung. Wie bei allen anderen in diesem Abschnitt vorgestellten Begriffen handelt es sich auch bei funktionaler Äquivalenz mithin um einen rein analytischen Begriff. Drittens müssen Strukturen, um als funktional äquivalent zu gelten, nicht unbedingt gleichermaßen *effektiv* sein, was die Qualität ihrer Funktionserfüllung anbelangt. Funktionserfüllung stellt gerade keine absolute, allein nach „existent"/„nicht existent" unterscheidbare Größe dar, sondern ist immer relativ zu sehen.[194]

Wenn man also unter funktional äquivalenten Strukturen kontingente Möglichkeiten zur Lösung oder Erzeugung eines spezifischen Systemproblems versteht, wirft das wiederum die Frage auf, warum sich in bestimmten Fällen stets dieselbe Struktur, nicht jedoch eine ihrer ebensogut denkbaren Alternativen durchzusetzen scheint.[195] Dem Vorschlag Richard Münchs folgend könnte diese Frage etwa

> „dadurch beantwortet werden, daß diskriminierende Bedingungen ihrer Existenz angegeben werden. […] Will man erklären, warum nun gerade die eine oder andere Alternative […] auftritt, dann könnte hier wiederum nach Bedingungen gesucht werden, deren Erfüllung das Auftreten der einen oder der anderen Alternative ausscheidet."[196]

Für die Gültigkeit der eingangs aufgestellten Äquivalenzhypothese bedeutet dies, daß ein signifikanter Zusammenhang von politischen Skandalen mit Demokratien einerseits sowie von Schauprozessen mit Diktaturen andererseits aufgezeigt werden muß, wonach die Verwirklichung der entsprechenden Institution unter der jeweils anderen Herrschaftsordnung weitgehend ausgeschlossen oder zumindest untypisch (und daher selten zu erwarten) ist. Dieser Nachweis wird in Kapi-

---

[192] Auch der umgekehrte Fall, daß nämlich gerade die *Abschaffung* bestimmter Institutionen mit geltendem Recht unvereinbar ist, tritt empirisch zuweilen auf: So unterliegt etwa die „grundsätzliche Mitwirkung der Länder bei der Gesetzgebung" gemäß Art. 79 III GG der Ewigkeitsgarantie. Selbstverständlich verbleibt einem System jedoch stets noch die Möglichkeit, die einschränkenden Rahmenbedingungen (z.B. seine Verfassung, seinen Regimetypus o.ä.) *selbst* zu verändern, um eine ansonsten ausgeschlossene Strukturalternative nötigenfalls doch realisieren zu können. Solch tiefgreifende Umstrukturierungen verlangen dem System jedoch beträchtlichen Aufwand ab und dürften deshalb nur in ganz seltenen Ausnahmefällen (etwa in schweren Krisen) Anwendung finden.

[193] Vgl. Schneider 2004: S. 54.

[194] Vgl. Münch 2003: S. 22 f.

[195] Vgl. ebd.: S. 60.

[196] Münch 1976: S. 137, 140.

tel 5.1 erbracht. Zudem müßte im Rahmen eines funktionsanalytischen Vergleichs für (mindestens) ein typisches Problem politischer Systeme gezeigt werden können, wie und weshalb es sowohl von Schauprozessen als auch von politischen Skandalen gelöst werden kann – unabhängig davon, ob dies nun manifest oder latent geschieht.

Funktionale Äquivalente können definitiv nur innerhalb ein- und desselben sozialen Systems existieren. Außerhalb des politischen Systems etwa gibt es in der modernen Gesellschaft per definitionem keine Strukturen, die genuin politische Funktionen erfüllen könnten. Daher müssen funktionale Äquivalente politischer Strukturen ebenfalls strukturelle Bestandteile des politischen Systems sein bzw. überhaupt als solche institutionalisiert werden können.[197] Das schließt nicht etwa die Existenz von operativen und strukturellen Kopplungen[198] verschiedener Systeme aus: So tritt ein politischer Skandal als massenmedial vermitteltes Kommunikationsereignis natürlich nicht nur im politischen, sondern zugleich auch im System der Massenmedien auf (operative Kopplung) und wird in Abhängigkeit von dessen Strukturen generiert (strukturelle Kopplung). Seine Äquivalenz in bezug auf speziell politische (und nicht mediale) Funktionen setzt allerdings die Verfügbarkeit genuin *politischer* Strukturalternativen voraus, welche allein den systemeigenen Bedürfnissen entsprechen. Schauprozesse sind als Gerichtsverfahren überdies auch zwingend mit dem Rechtssystem operativ und strukturell gekoppelt. Hierbei gilt es zu beachten, daß ein ausdifferenziertes Rechtssystem selbst bei der Abhaltung von Schauprozessen anhand seines ihm *eigenen* Codes operiert, also formal über Recht und Unrecht entscheidet. Es muß für solche Entscheidungen allerdings Programme bereitstellen, die *rechtlich* erklären bzw. begründen können, warum das amtierende Regime stets im Recht und der (zum solchen definierte) Regimegegner somit zwangsläufig im Unrecht ist.[199] Erforderlich wird dies durch die notwendige Anpassung des Rechtssystems an seine Umwelt, zu der ja unter anderem auch das politische System zählt. Im Schauprozeß wird also beidseitig die *Erwartung* konstruiert, daß die rechtliche mit der politischen Entscheidung übereinstimmt. Für beide Systeme bedeutet dies ein gewisses Moment gegenseitiger Abhängigkeit. Ihre grundlegende Entscheidungsautonomie wird dadurch nach *dieser* Lesart jedoch nicht berührt.

Die – aus welchen Gründen auch immer motivierte – Abschaffung einer bestehenden Struktur gilt prinzipiell solange als unmöglich, bis eine (mehr oder weniger) adäquate Alternative gefunden worden ist, die die ursprüngliche Struktur funktional ersetzen kann. Unter diesem Gesichtspunkt lassen sich soziale Syste-

---

[197] Vgl. Luhmann 2002: S. 83. Für zahlreiche anschauliche Beispiele von funktionalen Äquivalenten in politischen Systemen siehe Dogan/Pelassy 1990: S. 37-43.

[198] Siehe allgemein dazu Stichweh 2000: S. 216 f., Kneer/Nassehi 2000: S. 62 f., speziell zu den strukturellen Kopplungen des politischen Systems Luhmann 2002: S. 372-406.

[199] Vgl. Kneer/Nassehi 2000: S. 133 f., siehe auch Schrader 1995: S. 133 f.

me zutreffend als Sucher und Bereitsteller von Alternativen beschreiben: Gerade die permanente Möglichkeit, zwischen verschiedenen Strukturen zur Funktionserfüllung grundsätzlich wählen und gegebenenfalls wechseln zu können, gewährleistet die zur dauerhaften Bestandserhaltung erforderliche Flexibilität sozialer Systeme.[200]

3.3 Äquivalenzfunktionalismus als forschungsleitende Erkenntnismethode

Der soeben vorgestellte und ausführlich erläuterte Begriffsapparat dient dazu, die ermittelten Systemprobleme hinsichtlich ihrer Bearbeitung durch politische Skandale und Schauprozesse zu strukturieren. Kreuzt man die Dimensionen eufunktional vs. dysfunktional und manifest vs. latent miteinander, so ergeben sich daraus grundsätzlich vier verschiedene Fallgruppen von Funktionen, wie die folgende Übersicht verdeutlicht (vgl. Abb. 1):

Abbildung 1: Der funktionsanalytische Vergleichsrahmen in Matrixform

	manifest	*latent*
eufunktional	Problemfeld 1	Problemfeld 2
dysfunktional	(Problemfeld 3)*	Problemfeld 4

Quelle: Eigene Darstellung

*Anmerkung: Fraglich ist, ob der etwas absonderlich anmutende Fall einer manifesten Dysfunktion (Problemfeld 3) überhaupt auftreten kann. Der offizielle Zweck einer entsprechenden Struktur bestünde demnach darin, Systemstörungen hervorzurufen. Merton schließt diesen Fall offenbar kategorisch aus,[201] obwohl er bezüglich der Definition von „manifest" auf die Intention der Akteure abstellt. Systemstörung als Selbstzweck mag jedoch durchaus intendiert sein und damit als handlungsleitendes Motiv dienen. Zu denken wäre hierbei in erster Linie an fundamentalistisch motiviertes Handeln – etwa an solche Bürgerkriege oder Terrorakte, die allein aus ideologischen Gründen geführt bzw. verübt werden. Aber eine Dysfunktion ist wohl kaum *als Dysfunktion* öffentlich kommunizierbar. Denn es erscheint äußerst unwahrscheinlich, daß der öffentliche Verweis auf die Dysfunktionalität einer Struktur dieser Dysfunktion offizielle

---

[200]   Vgl. Parsons 1964: S. 167, Merton 1995: S. 77, Schneider 2004: S. 62, Luhmann 1974b: S. 44.

[201]   Vgl. Merton 1995: S. 49.

Anerkennung als Zweck verschaffen, also Legitimität verleihen könnte. Dazu bedarf es vielmehr einer positiven Begründung.[202] Zur Legitimation des Zwecks der Struktur müßte folglich stets eine Eufunktion kommuniziert werden (können): Nicht zufällig bezeichnen sich Terroristen in aller Regel als „Freiheitskämpfer" oder „Glaubenskrieger", während verfeindete Bürgerkriegsparteien sich jeweils selbst als „Befreier" definieren. Denn nur durch derartige Rekurse auf positive Werte können sie in der Gesellschaft überhaupt um Anerkennung und Unterstützung werben, unabhängig von ihren tatsächlichen Handlungsmotiven. Destruktivität allein kann jedoch sicherlich keinen legitimen Zweck begründen. Eine Dysfunktion mag gegebenenfalls als unvermeidbarer Nebeneffekt hingenommen, nicht aber als eigentlicher Zweck kommuniziert werden. Andernfalls droht soziale Sanktionierung. Diese Überlegungen führen zu dem überraschenden Ergebnis, daß Merton letztendlich rechtzugeben ist, wenn er manifeste Dysfunktionen aus seinen Betrachtungen grundsätzlich ausblendet, obgleich seine (implizite) Begründung hierfür nicht recht überzeugen mag. Die oben genannten Gründe allerdings rechtfertigen den Ausschluß von manifesten Dysfunktionen als utopische Kombination. Dysfunktionen sollten deshalb automatisch als (kommunikations-)latent angesehen werden.

Dabei wird die Prämisse unterstellt, daß sich jede Funktion einem ganz bestimmten Problemfeld eindeutig zuordnen läßt. Multifunktionalität liegt jeweils dann vor, wenn für die betrachtete Struktur mehrere Funktionen identifiziert werden können, und zwar unabhängig davon, welchem Problemfeld diese zuzuordnen sind. Für das Vorliegen funktionaler Äquivalenz kommt es definitionsgemäß nur darauf an, daß beide Strukturen mindestens ein Problem *gleichgerichtet* (eu- bzw. dysfunktional) bearbeiten. Es ist also unerheblich, ob sie auch im *Modus* der Problemlösung bzw. -erzeugung übereinstimmen. Die Differenzierung manifest vs. latent trägt lediglich zur Vollständigkeit der Beschreibung bei, wie und warum das gleiche Problem von beiden Strukturen möglicherweise unterschiedlich bearbeitet wird.

Der Äquivalenzfunktionalismus basiert, wie der Name bereits andeutet, ganz und gar auf dem Konzept der funktionalen Äquivalente. Dadurch unterscheidet sich eine in diesem Sinne „funktionale" Erklärung systematisch von kausalen Erklärungen. Eine Funktion, also die Beziehung zwischen Struktur und System, kann nach diesem Ansatz deshalb nicht als Kausalverhältnis interpretiert werden, weil Wirkungen zwar stets durch ihre Ursachen, Ursachen jedoch niemals durch ihre Wirkungen erklärbar sind. Der Grund dafür liegt darin, daß der notwendige Ausschluß von Alternativen nicht gelingt. Warum in einer gegebenen Situation ausgerechnet Struktur A, nicht aber Struktur B oder C institutionalisiert worden ist, kann eine als Wirkung verstandene Funktion offensichtlich nicht ohne weitreichende Zusatzannahmen erklären — jedenfalls dann nicht, wenn die beobachtete Wirkung sich nicht mit den Motiven zur Realisierung der Struktur deckt, also eine latente Funktion darstellt. Mit seinem Verzicht auf den Anspruch, deterministische oder auch nur probabilistische Kausalbeziehungen begründen zu können, umgeht der Äquivalenzfunktionalismus dieses Problem. Stattdessen beschränkt

---

[202] Siehe hierzu auch Luhmann 1968: S. 27-29.

er sich ganz bewußt auf die Ermittlung funktional vergleichbarer Strukturen.[203] Den methodischen Stellenwert und die Logik der funktionalen Analyse faßt Luhmann folgendermaßen zusammen:

> „Funktionen sind Beziehungen von Leistungen auf [problematische] Gesichtspunkte, unter denen die Leistung dem Vergleich mit anderen, funktional äquivalenten Leistungsmöglichkeiten ausgesetzt wird. Die funktionale Analyse dient also bei theoretischer Orientierung dem Vergleichen; bei praktischer Orientierung eröffnet sie Möglichkeiten der Substitution, des Austausches gleichwertiger Leistungen. Damit ist keine Feststellung von Seinsqualitäten verbunden, wird nicht behauptet, daß alles in der Welt, vom Kaiser bis zum Jackenknopf, ersetzbar „ist"; wohl aber, daß alles unter jenen spezifischen Gesichtspunkten im Hinblick auf die Ersetzbarkeit geprüft werden kann und seine Unersetzlichkeit gegebenenfalls begründen muß. Dabei ist funktionale Äquivalenz, ist Auswechselbarkeit jeweils problembezogen, also gesichtspunktrelativ zu verstehen. Andere Gesichtspunkte lassen andere Leistungen als äquivalent erscheinen. Konkret Seiendes ist immer unvergleichbar, als solches unersetzlich."[204]

Die spezifisch *äquivalenz*funktionalistische Perspektive, die damit eingenommen wird, fragt also nicht: Verursacht A notwendig oder mit einer quantifizierbaren Wahrscheinlichkeit X, sondern: Kann neben A auch B einen eigenständigen Beitrag für X leisten, und falls ja, warum?[205] Grundsätzlich gelten Strukturen somit weder als unentbehrlich noch als unmöglich, sondern als kontingent: Man kann zwar diese Lösung, aber im Normalfall auch andere für ein erkanntes Problem mobilisieren. Dies betont auch Schneider, wenn er die funktionale Analyse kennzeichnet als

> „Technik der Interpretation, die Deutungsmuster, Handlungen, soziale Institutionen etc. durch die Beziehung auf dadurch gelöste Probleme dem Vergleich mit alternativen Lösungsmöglichkeiten aussetzt und so als kontingente Selektion aus einer Mehrzahl von Alternativen behandelt. [...] Funktionale Analyse zielt demnach nicht primär auf praktische Intervention, sondern ist vor allem ein Erkenntnisverfahren, das Gegebenes enttrivialisiert und dadurch weiteren Erklärungsbedarf generiert."[206]

Die Gesamtmenge möglicher Strukturalternativen ist jedoch nicht beliebig groß. In der Regel kann ein soziales System nur in sehr begrenztem Umfang potentiellen Ersatz bereithalten.[207] Um diesen Raum von Substitutionsmöglichkeiten er-

---

[203] Vgl. Luhmann 1974a: S. 10-15, Luhmann 1987: S. 83-91.

[204] Luhmann 1968: S. 162, Erg. K.M.

[205] Vgl. dazu auch die etwas weniger trennscharf reformulierte Fragestellung bei Luhmann 1974a: S. 23.

[206] Schneider 2004: S. 60, zit. o. Herv.

[207] Vgl. Luhmann 1987: S. 86.

faßbar zu machen, also theoretisch näher zu bestimmen, kommt zumeist die mit der funktionalistischen Methode korrespondierende Systemtheorie zum Einsatz. Sie dient nach Luhmann vor allem dazu, inhaltliche Kriterien zu formulieren, mit deren Hilfe die Anzahl prinzipiell vorstellbarer Alternativen reduziert werden kann.[208] Der hieraus gewonnene Erkenntnisfortschritt besteht „mithin in der Eröffnung eines begrenzten Vergleichsbereichs"[209]. Äquivalenzfunktionalismus ist also eine genuin vergleichende Methode, die es erlaubt, strukturell Verschiedenartiges als funktional gleichwertig zu betrachten. Dadurch können sich wiederum weitere Fragen ergeben, etwa nach den konkreten Bedingungen, unter welchen bestimmte Strukturen eher als andere institutionalisierbar sind. Zusammenfassend läßt sich die Feststellung treffen, daß die funktionale Analyse als solche stets in relativen, nicht in absoluten Kategorien argumentiert.[210]

Nachdem Anspruch und Zielsetzung der vorgeschlagenen Methode somit hinreichend geklärt sind, steht nun noch die Angabe ihrer praktischen Umsetzung für die hier vorzubereitende Untersuchung aus. Die Literatur unterscheidet grundsätzlich zwei gleichermaßen legitime Vorgehensweisen:[211] Zum einen besteht die Möglichkeit, aus einer hinreichend abstrakten Systemtheorie[212] zunächst allgemeine Probleme herzuleiten, die sich generell für alle Systeme eines bestimmten Typs stellen, um anschließend zu fragen, welche spezifischen Lösungen ein konkretes System hierfür jeweils bereitstellen kann und welche anderen Strukturen es vermeiden muß, um diese Probleme nicht noch zu verschlimmern. Zum anderen kann man genausogut auch den umgekehrten Weg einschlagen, indem man von gegebenen Strukturen eines konkreten Systems ausgeht, sodann deren spezifische

---

[208]   Vgl. Luhmann 1974b: S. 37. Ist es im Ausnahmefall möglich, die Menge aller verfügbaren Alternativen auf Null zu reduzieren, so liegt nach Luhmanns Vorstellung Kausalität vor. Die Luhmannsche Unterscheidung von Kausalität und Funktionalität ist somit nicht exklusiver (i.S.v. „entweder/oder"), sondern inklusiver Natur (i.S.v. „Teil" und „Ganzes"): „Die Funktion ist nicht eine Sonderart der Kausalbeziehung, *sondern die Kausalbeziehung ist ein Anwendungsfall funktionaler Ordnung.*" (Luhmann 1974a: S. 16). Überdies stellt diese neuere Sichtweise das genaue Gegenteil der klassischen Ansicht dar, die den Funktionalismus stets als besondere Form der Kausalerklärung verstanden hat (vgl. Jensen 2003: S. 179, 181).

[209]   Luhmann 1974a: S. 13, siehe dazu auch Luhmann 1974b: S. 35 f., 43.

[210]   Vgl. Jetzkowitz/Stark 2003: S. 9.

[211]   Siehe z.B. Luhmann 1974a: S. 22 f., Reimann 1994, Schneider 2004: S. 59 f., 68.

[212]   Dabei konkurrieren in der sozialwissenschaftlichen Forschungslandschaft zum Teil gänzlich verschiedene Systemkonzeptionen miteinander. Beispielhaft erwähnt sei hierfür nur der Gegensatz zwischen (in der Politikwissenschaft eindeutig dominierenden) Theorien *offener Systeme*, die auf der Basis eines Input/Output-Schemas die Abhängigkeit von bzw. die Austauschbeziehungen mit der Umwelt des Systems thematisieren (siehe z.B. Almond/Powell 1966), und Theorien *operativ geschlossener* (oder auch: „*kybernetischer*") *Systeme*, die demgegenüber die operative Autonomie bzw. die autopoietische Selbstorganisation von Systemen postulieren (siehe bspw. Luhmann 2002).

Eu- und Dysfunktionen ermittelt, um unter diesen Gesichtspunkten schließlich nach entsprechenden Äquivalenten zu suchen.

Der Verfasser plädiert eher für diese zweite Variante. Mit ihr verknüpft sich der Vorteil, daß die Funktionsanalyse zunächst keiner substantiellen Systemtheorie exklusiv verpflichtet wäre. Damit könnte – mit Ausnahme des Systembegriffs selbst – auf inhaltliche Festlegungen *ex ante* weitgehend verzichtet werden, so etwa auf vordefinierte Funktionen nach Art des Parsons'schen AGIL-Schemas.[213] Im direkten Vergleich erweist sich dieser Ansatz als flexibler, dafür aber auch als theoretisch deutlich weniger anspruchsvoll, denn „Funktionen lassen sich [dann quasi] *ad libitum* ausdenken"[214]. Dieser kritische Hinweis von Jensen erscheint durchaus berechtigt. Um der hiermit angesprochenen Gefahr völliger Beliebigkeit entgegenzuwirken, soll deshalb in Kapitel 5.2 begründet werden, daß eine derartig angelegte Untersuchung durchaus auch mit den Prämissen präziser Modelle des politischen Systems vereinbar wäre.

Wenn man etwa mit Almond und Powell davon ausgeht, daß es sinnvoll und erforderlich, mit einem Wort also theoretisch geboten ist, zwischen verschiedenen Klassen von Funktionen zu differenzieren, die für alle politischen Systeme konstant sind,[215] dann müssen folglich diejenigen Strukturen, denen funktionale Äquivalenz hypothetisch unterstellt wird, von vornherein derselben Klasse von Funktionen zugerechnet werden können. An dieser Stelle ist somit die Plausibilität der eingangs aufgestellten Vermutung zu prüfen, daß Schauprozesse und politische Skandale aufgrund ihrer strukturellen Beschaffenheit als genuine Strategien politischer Kommunikation beschreibbar sind. Dies stellt, neben dem signifikanten Zusammenhang mit jeweils einem ganz bestimmten Regimetyp, eine weitere notwendige Geltungsbedingung der Äquivalenzhypothese dar. Sollte sich diese Vermutung als plausibel herausstellen, könnte der Fokus der eigentlichen Funktionsanalyse erkenntnisleitend auf kommunikative Funktionen konzentriert werden, ohne die Untersuchung deshalb zwingend auf solche beschränken zu müssen. Unter diesem Gesichtspunkt würde sich die Äquivalenzhypothese schließlich als hinreichend begründet erweisen, falls im Rahmen einer solchen Untersuchung eine oder mehrere kommunikative Funktionen ermittelt werden könnten, die von beiden Institutionen gleichermaßen erfüllbar sind. Dabei gälte es natürlich den Grundsatz zu beachten, daß die funktionale Äquivalenz von multifunktionalen

---

[213]   Siehe dazu eingehend Parsons 1964, 1976. Vgl. zu dieser Überlegung außerdem Jensen 2003: S. 194.

[214]   Jensen 2003: S. 186, Erg. K.M. Vgl. auch Bühl 1975: S. 24 f. sowie Jetzkowitz/Stark 2003: S. 11.

[215]   Vgl. Almond/Powell 1966. Die beiden Autoren unterscheiden hierbei grundsätzlich die fünf Input-Funktionen Sozialisation, Rekrutierung, Interessenartikulation, Interessenaggregation und Kommunikation sowie die drei Output-Funktionen Regelsetzung, Regelanwendung und Regelauslegung (Übersetzung nach Druwe 1995: S. 346). Siehe Almond et al. (2004: S. 36-43) zur Weiterentwicklung dieses Modells.

Strukturen stets auf jedes einzelne der bearbeiteten Probleme hin überprüft werden muß.

Der Äquivalenzfunktionalismus ist als formalisierte Vergleichsmethode mit unterschiedlichen Systemtheorien kompatibel,[216] weil sich seine Befunde regelmäßig *ex post* in diese Theorien integrieren und dort zu jeweils vollständigen Erklärungen verdichten lassen, ohne daß die Übernahme von materiellen theoretischen Aussagen *ex ante* zwingende Voraussetzung zur Anwendung dieser Methode darstellt.[217] Somit bleibt zuletzt noch klarzustellen, wie genau diese Befunde eigentlich zustandekommen und welche Rolle die funktionale Analyse in der politikwissenschaftlichen Forschung spielt. Funktionen lassen sich im allgemeinen relativ leicht *kontrafaktisch* ermitteln, indem man fragt, welche Konsequenzen das gänzliche Fehlen bzw. der plötzliche Totalausfall einer bestimmten Struktur wohl für das Gesamtsystem hätte. Für die anstehende Untersuchung bietet es sich an, zunächst sämtliche Funktionen, die politischen Skandalen von der einschlägigen Literatur zugeschrieben werden, vorzustellen sowie daraus gegebenenfalls weitere vorstellbare Funktionen abzuleiten. Anschließend sollten die dafür jeweils vorgebrachten Argumente eingehend auf ihre Plausibilität hin überprüft werden, wozu nach Bedarf und Möglichkeit auch empirische Fakten heranzuziehen wären. Die hiernach als plausibel geltenden Skandalfunktionen müßten im nächsten Schritt theoretisch auf Schauprozesse übertragen werden, um zu ergründen, ob sie jeweils auch von dieser Institution ausgeübt werden können. Aufgrund der äußerst unzureichenden Literaturlage zu Schauprozessen müßte diese Übertragung allerdings wohl weitgehend explorativ erfolgen.[218] Nach Abschluß dieses Vergleichs stünde somit fest, ob die Äquivalenzhypothese endgültig verworfen werden muß oder – falls sie sich erwartungsgemäß bestätigen sollte – in bezug auf welche Funktion(en) die Äquivalenz von politischen Skandalen und Schauprozessen attestiert werden kann.

Die Bedeutung der Funktionsanalyse für die moderne Politikwissenschaft kann schwerlich überschätzt werden. In vielen ihrer Gebiete hat sie sich zum Standardinstrument entwickelt, vornehmlich im Bereich der Institutionen- und vergleichenden Systemforschung.[219] Auch hier wird in aller Regel, explizit oder implizit,[220] mit dem Konzept der funktionalen Äquivalenz gearbeitet, ohne dieses

---

[216] Vgl. erneut Luhmann 1974b: S. 31 f.

[217] Vgl. Merton 1995: S. 45.

[218] Da es sich fast ausschließlich um Texte handelt, die lediglich historische Einzelfälle von Schauprozessen beschreiben, müßten die dort gelieferten funktionalen Interpretationen der einzelnen Prozesse als grundsätzlich generalisierbar angesehen werden, was unvermeidlich zu induktiven Schlüssen führt. Die hieraus gewonnenen Erkenntnisse dürften also nur mit äußerster Vorsicht interpretiert werden.

[219] Vgl. Druwe 1995: S. 347. Siehe zum Beitrag funktionsanalytischer Ansätze für die politische Theorie aus wissenschaftstheoretischer Sicht außerdem Schmid 1974.

[220] Siehe exemplarisch hierfür jeweils Dogan/Pelassy 1990, Almond et al. 2004.

jedoch in nennenswertem Umfang zu problematisieren. So verwundert es nicht, daß sich der Äquivalenzfunktionalismus nach Luhmann (ebensowenig wie seine damit eng verbundene Systemtheorie) bislang kaum in der Politikwissenschaft hat durchsetzen können.[221] Die Verwendung eines nach politikwissenschaftlichen Maßstäben relativ „unkonventionellen" Ansatzes in der hier konzipierten Untersuchung würde dieser somit zugleich gewisse Züge eines interessanten methodischen Experiments verleihen.

---

[221] Vgl. Druwe 1995: S. 335. Die Kritik von Druwe an der Theorie (nicht der Methode) Luhmanns – er wirft sowohl dem früheren funktional-strukturellen als auch dem späteren Autopoiesis-Konzept (siehe ebd.: S. 354) mangelnde Präzision vor – erscheint jedoch nicht gerechtfertigt bzw. bei näherer Betrachtung unhaltbar.

4 Funktionalitätstheoretische Vorüberlegungen

4.1 Begründung der Unterstellbarkeit von Funktionen

Argumentiert man auf der Basis eines solchen Schemas, so stellt man sich damit notwendig auf den Standpunkt einer funktionalistischen Theorie über politische Skandale und Schauprozesse. Denn nur unter der Voraussetzung, daß diese einer funktionalen Deutung überhaupt zugänglich sind, kann die gewählte Analysemethode auch schlüssige und verwertbare Erkenntnisse zutage fördern. Die Annahme, daß besagte Phänomene grundsätzlich funktional sind, d.h. unter keinen Umständen als willkürlich auftretende Anomalien politischer Systeme ohne erkennbare Konsequenzen[222] oder aber mit fallweise vollkommen einzigartigen (und daher unvorhersehbaren) Konsequenzen interpretiert werden können, ist theoretisch rechtfertigungsbedürftig. Es muß also ein formales Kriterium[223] angebbar sein, anhand dessen die Anwendbarkeit der Methode auf konkrete Einzelphänomene beurteilt werden kann.

Nach Merton müssen soziale Phänomene generell folgende Eigenschaft aufweisen, damit ihnen Funktionalität unterstellt werden kann: „Das Grunderfordernis ist, daß der Gegenstand der Analyse ein *standardisiertes* (d.h. strukturiertes und repetitives) Phänomen darstellt".[224] Zweifelsfrei lassen sich sowohl politische Skandale als auch Schauprozesse hierunter subsumieren. Wie in Kapitel 2 gezeigt wurde, handelt es sich jeweils um typisierte Muster sozialen Handelns. Sie bestehen aus charakteristischen Elementen, welche sich durch systematische Anordnung und Interdependenz auszeichnen. So erfordert etwa ausnahmslos *jeder* Schauprozeß und *jeder* politische Skandal öffentliche Informationsverbreitung und ein rezipierendes Publikum. Diese Regelmäßigkeiten sind stabil, denn sie gelten unabhängig von Zeit, Ort und konkretem Sachverhalt eines Einzelfalls. Obwohl natürlich jeder Schauprozeß und jeder politische Skandal für sich allein genommen ein einzigartiges und unwiederholbares Ereignis ist, kann dennoch über viele Fälle hinweg die jeweils gleichförmige Wiederholung derselben Handlungs- und Kommunikationsschemata beobachtet werden. Für einen externen Beobachter sind Skandale und Schauprozesse deshalb auch in aller Regel eindeutig als solche zu erkennen. Ihre Generalisierbarkeit im politischen System macht sie zu politischen Institutionen und somit zu potentiell funktionalen Phänomenen.[225]

---

[222]   Siehe dazu Thompson 2000: S. 234 f., der diese insgesamt wenig plausible Sichtweise politischer Skandale folgerichtig als „no-consequence theory" bezeichnet.

[223]   Jedoch kein inhaltliches, siehe vorheriges Kapitel.

[224]   Merton 1995: S. 48.

[225]   Vgl. ebd.

Nicht zuletzt dürfte auch die schiere Häufigkeit ihres empirischen Auftretens ein stichhaltiges Argument für ihre Standardisierung darstellen: So zählt die „Skandalchronik" von Rüdiger Liedtke als wohl ausführlichste Zusammenstellung von politischen Skandalen in der Bundesrepublik Deutschland für den Zeitraum 1949-1989 insgesamt 312 verschiedene Skandale auf.[226] Auch in den USA scheint sich die Anzahl politischer Skandale auf exorbitant hohem Niveau zu bewegen. Nach Angaben von Suzanne Garment sind dort allein von 1974 bis 1991 mehr als 400 bundespolitische Amtsinhaber und -anwärter durch die nationale Presse skandalisiert worden.[227] Auch Schauprozesse finden dort, *wo* sie denn stattfinden, relativ regelmäßig und zahlreich statt. So hat etwa die UdSSR unter Stalin allein von 1928 bis 1938 ungefähr 200 „Klassenfeinde" in mindestens zehn großen und mustergültigen Schauprozessen verurteilen lassen.[228]

Natürlich sind derartige Zahlen nur sehr bedingt aussagekräftig.[229] Sie können jedoch zumindest als ein weiteres deutliches Indiz dafür herangezogen werden,

---

[226]   Vgl. Liedtke 1989. Allerdings genügt die Sammlung von Liedtke keineswegs wissenschaftlichen Standards, da es sich um eine subjektive und unvollständige Auswahl von Skandalen handelt, die nicht näher begründet wird. Zudem erfolgt keine systematische Unterscheidung zwischen politischen und unpolitischen Skandalen (vgl. die Kritik bei Maier 2003a: S. 137 Fn. 5 und Kepplinger 1996: S. 42 f., der diese Zusammenstellung in Ermangelung geeigneterer Daten dennoch verwendet). Eine bessere Quelle ist jedoch nach wie vor nicht ersichtlich.

[227]   Vgl. Garment 1991: S. 3. Unbekannt bleibt natürlich das Ausmaß der gesellschaftlichen Empörung über die skandalisierten Mißstände.

[228]   Vorsichtige Schätzung nach Angaben von Müller (1993: S. 391-395) und Schützler (1990: S. 12-18); noch mehr zählt Hedeler (1999: S. 16). Mit „groß und mustergültig" sind hier lediglich die absolut unzweifelhaften Fälle von nationaler Reichweite gemeint. Die tatsächliche Gesamtzahl der in dieser Zeit vollzogenen Schauprozesse ist schlichtweg unermeßlich (vgl. Ziehr 1970: S. 305). Gleiches gilt für die tatsächliche Gesamtzahl ihrer Opfer – inklusive all derjenigen, die durch die grausamen „Säuberungswellen" ums Leben kamen, welche infolge dieser Prozesse als bürokratisch verordnete Massenmorde stattfanden.

[229]   Dies gilt insb. für Versuche der Zählung von politischen Skandalen – existieren doch bislang keine objektiv meßbaren Kriterien dafür, ab welcher Intensität der öffentlichen Resonanz auf Skandalisierungen zweifelsfrei von einem Skandal gesprochen werden kann bzw. werden sollte. Unzweifelhafte Fälle dürften lediglich Politskandale von solch massivem Entrüstungspotential darstellen, daß sie sich in das kollektive Gedächtnis ihrer Gesellschaft förmlich „eingebrannt" und deren politische Kultur dadurch nachhaltig mitgeprägt haben. Als Beispiele für politische Skandale von solch historischer Tragweite gelten in Deutschland etwa die Spiegel-Affäre (1962), der Fall Guillaume (1974), die Flick-Affäre (1985-1987) sowie der Parteispendenskandal der CDU (1999-2000); siehe außerdem Ramge 2003, ferner Hafner/Jacoby 1990, 1994. Für die USA ist vor allem an den Watergate-Skandal (1974), die Iran-Contra-Affäre (1986) sowie die Lewinsky-Affäre (1998) zu denken; siehe hierzu Thompson 2000: S. 151-158, 200-218 sowie Garment 1991.

daß die zu vergleichenden Phänomene keine seltenen Ausnahmeerscheinungen darstellen, sondern in politischen Systemen bestimmter Prägung überaus regelmäßig und zahlreich auftreten. Politische Skandale und Schauprozesse scheinen demnach gerade im *Alltag* politischer Systeme eine ungemein bedeutsame Rolle zu spielen – ein Eindruck, der sich durch ihren hohen Formalisierungsgrad zusätzlich verstärkt. Deshalb ist davon auszugehen, daß sie auch signifikante Funktionen erfüllen.

4.2 Exkurs: Zur Funktionalitätskontroverse über politische Skandale

In der Einleitung wurde bereits darauf hingewiesen, daß politische Skandale bislang sehr viel häufiger als Schauprozesse sozialwissenschaftlich reflektiert worden sind, was sich in der extrem ungleichen Literatur- und Datenlage niederschlägt. Nun finden sich in der einschlägigen Literatur über politische Skandale einige argumentativ recht ähnliche Ansätze, die üblicherweise unter der Rubrik „funktionalistische" Skandaltheorie zusammengefaßt werden.[230] Dort wird dieser Begriff allerdings mit sichtlich positiver Konnotation verwendet, denn die Vertreter dieser Lehre betrachten politische Skandale als grundsätzlich eufunktional[231] und konkurrieren deshalb dogmatisch mit anderen Autoren, die politische Skandale als grundsätzlich dysfunktional[232] ansehen. Die Kontroverse ist letztlich dadurch zu erklären, daß beide Sichtweisen ihr abschließendes Urteil zumeist nur durch den jeweiligen Verweis auf ein *einzelnes* Problem begründen, welches von politischen Skandalen angeblich gelöst bzw. erzeugt werde. Eine unvoreingenommen abwägende Gesamtbetrachtung aller unterstellbaren (positiven wie negativen) Funktionen findet dagegen weitaus seltener statt.

Theoretisch ist es jedoch durchaus denkbar (und den bisherigen Ausführungen zufolge sogar relativ wahrscheinlich), daß politische Skandale gleichzeitig positive und negative Beiträge zur Systemreproduktion leisten. Ohne an dieser Stelle näher auf die einzelnen Argumente der unterschiedlichen Sichtweisen eingehen zu können – diese müßten in der Anschlußuntersuchung ohnehin ausführlichst vorgestellt und analysiert werden –, soll zunächst nur eine besonders wichtige theoretische Konsequenz einer einseitig positiven bzw. einseitig negativen Beurteilung der Systemrelevanz politischer Skandale gezeigt werden. Darauf aufbauend geht es dann um die Frage, wie sich diese beiden scheinbar widersprechenden Ansichten möglicherweise in ein ambivalentes Modell integrieren ließen, das statt einer

---

[230] Vgl. Kepplinger 1996: S. 43 f., Kepplinger 2005: S. 148-161, Thompson 2000: S. 235-238, Maier 2003a: S. 139.

[231] Bspw. Alemann 1985, Schütze 1985, Markovits/Silverstein 1989, Käsler et al. 1991, Hondrich 2002.

[232] Bspw. Williams 1998, Ginsberg/Shefter 1999, Castells 2002: S. 354-365.

absoluten nur eine *relative*, d.h. von einer zusätzlichen Randbedingung abhängige und somit stets variable „Nettobilanz der Gesamtfolgen" politischer Skandale aufstellt.

Geht man theoretisch nur von der Eufunktionalität politischer Skandale aus, so folgt daraus ceteris paribus, daß sich das politische System um so besser stellen müßte, je mehr Skandale innerhalb einer konstanten Zeitspanne auftreten.[233] Unterstellt man ihnen dagegen ausschließlich Dysfunktionalität, dann müßte (im Umkehrschluß) konsequenterweise die Intensität der Systemprobleme ebenso kontinuierlich zunehmen wie die Skandalhäufigkeit. Offensichtlich behaupten also die einseitigen Ansätze monoton verlaufende Zusammenhänge zwischen der Anzahl erfolgreicher Skandalisierungen und dem Positivitäts- bzw. Negativitätsgrad ihrer aggregierten Resultate für das politische System (vgl. Abb. 2):

Abbildung 2: Denkbare Zusammenhänge zwischen Skandalhäufigkeit und -funktionalität I

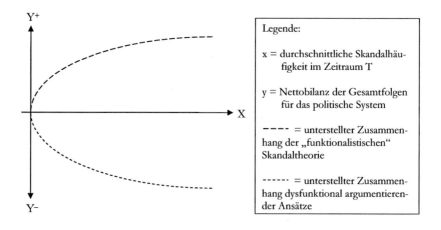

Quelle: Eigene Darstellung

Obige Darstellung geht davon aus, daß – je nach Beurteilung der Systemrelevanz politischer Skandale – der Grenznutzen bzw. Grenzschaden für das politische System asymptotisch gegen Null strebt. Denn für ein politisches System mit extrem hoher Skandaldichte, in dem also beinahe täglich neue Mißstände erfolgreich skandalisiert werden, dürfte die Bedeutung jedes weiteren Skandals aufgrund eines anzunehmenden „Gewöhnungs"- bzw. Sättigungseffekts immer

---

[233] Vgl. zu diesem Gedanken u.a. Kepplinger 1996: S. 44, Kepplinger 2005: S. 148.

geringer ausfallen. Es handelt sich beim Skandal um ein zeitlich begrenztes Phänomen, das theoretisch beliebig oft auftreten kann. Daher könnte es durchaus sein, daß die *Effizienz* der Erfüllung bestimmter Funktionen nicht nur von der institutionellen Form „politischer Skandal" abhängt,[234] sondern zusätzlich auch von der relativen Häufigkeit seines empirischen Auftretens. So vermutet etwa Kepplinger aus Gründen, die in weiteren Untersuchungen eingehend erörtert werden müßten, daß die faktische Wirksamkeit mancher Eufunktionen von Skandalen nach der Überschreitung eines gewissen Schwellenwertes tendenziell abnimmt:

> „Richtig ist vermutlich die These einer Präventivwirkung. Richtig ist vermutlich auch die These eines Motivationseffektes. Beides gilt aber nur, wenn nicht alle Missstände skandaliert werden. Falls die Zahl der Skandale einen bestimmten, unbekannten Wert übersteigt, dürften ihre Präventivwirkung und ihr Motivationseffekt geringer werden."[235]

Auch Neckel stellt in bezug auf Skandale fest:

> „Als Serienprodukt auf den Markt geworfen, verfällt ihr politischer Kurswert ebenso, wie das Niveau offensichtlichen Fehlverhaltens steigen muß, um überhaupt noch Aufmerksamkeit zu erheischen."[236]

Bei Thompson findet sich nun analog dazu die Überlegung, daß eine hinreichend hohe Skandaldichte die Wirksamkeit der mutmaßlichen Dysfunktionen gegenüber der Wirksamkeit von positiven Skandaleffekten unverhältnismäßig stark erhöhen könne.[237] Kombiniert man beide Überlegungen zur häufigkeitsbedingten Relativität der Funktionserfüllung durch Skandale, so läßt sich die Vermutung aufstellen, daß ab einem bestimmten (in der Praxis allerdings wohl *unbestimmbaren*) Häufigkeitswert von Skandalen die Effizienz ihrer Eufunktionen zugunsten der Effizienz ihrer Dysfunktionen zunehmend verdängt wird. Höchstwahrscheinlich bedürfen jedoch auch die Eufunktionen erst einmal einer gewissen Anzahl von Skandalen (auf vergleichsweise niedrigem Niveau), um ihre maximale (positive) Wirkungskraft entfalten zu können.[238]

Demzufolge würde also die Nettobilanz der Gesamtfolgen mit der durchschnittlichen Menge von Skandalen, die innerhalb einer konstanten Zeitspanne auftritt, erheblich variieren; die Frage, ob hierbei in der Gesamtschau jeweils die positiven oder negativen Folgen für das System überwiegen, stellte sich demnach – nicht

---

[234]   Vgl. erneut Münch 2003: S. 22 f.

[235]   Kepplinger 2005: S. 157.

[236]   Neckel 1989b: S. 249.

[237]   Vgl. Thompson 2000: S. 254, 256, 258.

[238]   Denn: Je seltener ein Phänomen empirisch auftritt, desto geringer ist auch die Wahrscheinlichkeit, daß es ein soziales System *überhaupt* nachhaltig beeinflussen kann. Eine gewisse Regelmäßigkeit ist (nach Merton) für die Unterstellbarkeit von Funktionen unabdingbar (vgl. Kapitel 4.1).

nur, aber eben auch – als Frage der „Dosierung" dar: Während einige wenige Skandale das politische System insgesamt eher positiv beeinflussen sollten, würden dagegen sehr viele aufeinanderfolgende Skandale dem System mehr schaden als nutzen. Die Kurve eines solchen nicht-eindeutigen Zusammenhangs könnte daher etwa wie folgt aussehen (vgl. Abb. 3):

Abbildung 3: Denkbare Zusammenhänge zwischen Skandalhäufigkeit und -funktionalität II

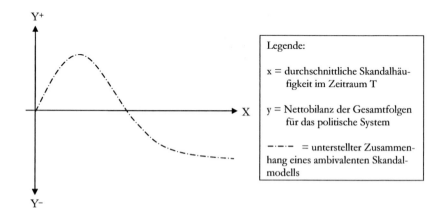

Quelle: Eigene Darstellung

Obwohl ein derartiger Zusammenhang intuitiv zunächst ungleich plausibler bzw. realistischer erscheinen mag als diejenigen, welche aus den einseitig wertenden Ansätzen abgeleitet worden sind, verbleibt jedoch nach wie vor das unüberwindliche generelle Problem, wie die funktionalen Gesamtfolgen einer Struktur präzise bilanziert werden sollen. Gesetz dem wahrscheinlichen Fall, daß Skandale tatsächlich mit unvergleichbaren Problemzusammenhängen des politischen Systems in unterschiedlicher Weise verknüpft sind, erweist sich der Versuch einer Nettobilanzierung als praktisch nicht sinnvoll durchführbar. Wie – und das heißt vor allem: nach welchen Kriterien – sollte man den Beitrag zur Lösung der Probleme A und B mit der tendenziellen Verschärfung der Probleme C und D „verrechnen" können? Diese Idee von Merton ist mit einer streng äquivalenzfunktionalistischen Betrachtungsweise offensichtlich unvereinbar und braucht daher nicht weiterverfolgt zu werden.

Dennoch läßt sich die Diskussion dieses Exkurses für weitere Analysen fruchtbar verwerten: Sie weist nämlich auf die Tatsache hin, daß es in der Literatur ernstzunehmende Anhaltspunkte dafür gibt, daß manche Skandalfunktionen womöglich gar nicht mit stets gleichbleibender Effizienz erfüllt werden, sondern daß die Qualität der Funktionserfüllung unter anderem auch von der empirischen Skandalhäufigkeit abhängen könnte. Bei der Betrachtung von einzelnen Funktionen sollte deshalb immer auch ihr jeweiliger „Grenzwert" berücksichtigt werden, d.h. die Frage, ob und wie sich die Intensität der Problembearbeitung mit zunehmender Anzahl von politischen Skandalen tendenziell verändert.[239] Relativer Überfluß bzw. Mangel an Skandalen als diagnostizierte *Systemeigenschaft* böte sich vielleicht als Erklärungsfaktor für die hochgradige Unterschiedlichkeit der Konsequenzen an, die ähnliche Skandalereignisse in ähnlichen politischen Systemen häufig zu haben scheinen. Falls eine effizienzvariable Funktion auch von Schauprozessen wahrgenommen werden kann, so müßte *deren* Häufigkeitsverteilung in gleicher Weise wie die der politischen Skandale relevant für die Funktionserfüllung sein. Diese Vermutung wäre beim Vergleich der Funktionen ebenfalls zu überprüfen.

---

[239] Diese Frage ist nicht zuletzt vor dem Hintergrund interessant, daß in der Literatur überaus häufig der (empirisch gleichwohl bislang noch nicht hinreichend bestätigte) Verdacht geäußert wird, die durchschnittliche Anzahl politischer Skandale pro Jahr sei in westlichen Demokratien in den letzten Jahrzehnten kontinuierlich gestiegen (vgl. Kepplinger 1996: S. 41; siehe etwa Liedtke 1989, Ebbighausen 1989: S. 171, Hafner/ Jacoby 1990: S. 11, Garment 1991: S. 5, Williams 1998: S. 4 f., Kepplinger 2005: S. 114; zu anderer Ansicht Bösch 2006: S. 26). Eine solche Entwicklung – falls man sie denn glaubt beobachten zu können – allein auf einen fortschreitenden moralischen Verfall der politischen Eliten zurückzuführen greift als Erklärung jedoch sicherlich zu kurz. Vielmehr sind hierbei Faktoren kulturellen Wandels zu berücksichtigen, z.B. die Ausbreitung des Investigativjournalismus in Verbindung mit immer strengeren Maßstäben, an denen Politiker gemessen werden sowie sinkender Tolerierungsbereitschaft ihrer Verfehlungen (vgl. Hondrich 2002: S. 10-12, Thompson 2000: S. 106-116).

5 Notwendige Geltungsvoraussetzungen der Äquivalenzhypothese

5.1 Die Signifikanz des Zusammenhangs von Institution und Regimetyp

5.1.1 Definition von „Demokratie" und „Diktatur"

Im folgenden geht es zunächst um die Frage der grundsätzlichen Vereinbarkeit von Schauprozessen bzw. politischen Skandalen mit den institutionellen Rahmenbedingungen von Demokratien und Diktaturen. Ziel ist dabei die theoretische Begründung eines signifikanten Zusammenhangs zwischen Schauprozeß und Diktatur sowie politischem Skandal und Demokratie. Da „Demokratie" und „Diktatur" als zwei *antagonistische* Idealtypen politischer Herrschaft begriffen werden, d.h. real existierende Regime nur einer dieser beiden Herrschaftsformen (annäherungsweise) entsprechen können, muß dazu jeweils auch die entsprechende Gegenprobe gemacht werden. Es gilt also zu überprüfen, ob Schauprozesse tatsächlich nur in Diktaturen, nicht aber in Demokratien auftreten können bzw. ob es sich mit politischen Skandalen genau umgekehrt verhält.[240] Diese Entscheidung steht und fällt natürlich mit den hierbei zugrundegelegten Regimebegriffen.

Demokratie – verstanden als *liberale* Demokratie[241] – ist eine Herrschaftsordnung, die sich durch folgende elementare Merkmale auszeichnet: die Besetzung politischer Ämter erfolgt durch regelmäßige, kompetitive, freie und faire Wahlen, für die jeweils echte personelle bzw. parteiliche Alternativen zur Auswahl stehen und an denen jeder Bürger gleichberechtigt aktiv und passiv teilnehmen darf; gesamtgesellschaftlich verbindliche Entscheidungen können ausschließlich von den durch allgemeine Wahlen unmittelbar oder mittelbar dazu legitimierten Akteuren getroffen werden; exekutive Machtausübung ist durch ein stabiles und effektives System der Gewaltenteilung und der gegenseitigen Gewaltenkontrolle institutionell begrenzt; innerhalb wie außerhalb des politischen Raums ist vollständiger Pluralismus gewährleistet und Individuen genießen ebenso wie soziale Gruppen

---

[240] Demnach könnte jedes real existierende Regime auf einem Kontinuum irgendwo zwischen den unerreichbaren Extremenwerten „reine Demokratie" und „reine Diktatur" verortet werden. Eine Verschiebung nach rechts würde dann gleichzeitig bedeuten, daß Schauprozesse innerhalb dieses Regimes wahrscheinlicher und politische Skandale in gleichem Maße unwahrscheinlicher werden.

[241] „Today the word ‚democracy' without an adjective can be misleading." (Dogan 1998: S. 119).

extensive und unveräußerliche Freiheitsrechte; das Prinzip des Rechtsstaats[242] wird als verbindliche Herrschaftsregel akzeptiert, über deren strikte Einhaltung eine unabhängige und sanktionsfähige Justiz wacht.[243]

Demgegenüber läßt sich Diktatur als eine Herrschaftsordnung charakterisieren, bei der die gesamte Hoheitsgewalt auf Dauer in den Händen eines Alleinherrschers oder einer elitären Kaste politischer Führer monopolistisch konzentriert ist und dabei willkürlich, d.h. ohne wirksame Kontrollinstanzen sowie unbeschränkt von Gesetz, Verfassung oder Konvention ausgeübt werden kann, die Bürger faktisch rechtlos und somit der Willkür des bzw. der Herrschenden prinzipiell schutzlos ausgeliefert sind.[244]

5.1.2 Die Rolle von Schauprozessen in Demokratien und Diktaturen

Für die hier vertretene Ansicht, daß Rechtsstaatlichkeit eine unverzichtbare Grundbedingung und damit einen Indikator demokratischer Regime darstellt, sprechen gewichtige Gründe. Nur wenn eine lückenlose und funktionierende Rechtsordnung vorliegt, der auch die politischen Machthaber selbst sowie alle von ihnen kontrollierten Vollzugsorgane unterworfen sind, wenn also auch hoheitliches Handeln rechtlich reguliert und somit sanktionierbar wird, gibt es eine ausreichende Garantie für den dauerhaften Bestand aller *anderen* Institutionen, die eine Demokratie als solche kennzeichnen (etwa freie Wahlen). Ohne die Bindung aller staatlichen Gewalt an Recht und Gesetz wäre es jederzeit möglich, diese Institutionen durch den Einsatz politischer Macht zu unterminieren, was die Demokratie *als Demokratie* existentiell gefährden würde.[245]

Legt man deshalb diesen restriktiven (da normativ sehr anspruchsvollen) Demokratiebegriff zugrunde, so ist die Kompatibilität von Schauprozessen mit demokratischer Herrschaft per definitionem kategorisch zu verneinen. Denn wie hinlänglich gezeigt wurde, findet der Schauprozeß naturgemäß gerade unter völliger Mißachtung all jener Beschränkungen statt, die sich vollwertige Rechtsstaaten bei der Durchführung von Strafverfahren stets auferlegen (müssen). Hierzu zählt unter anderem die vorbehaltlose Gewähr gewisser justizieller Grundrechte,[246] wel-

---

[242] Zu den mannigfaltigen Implikationen des Rechtsstaatsprinzips siehe Sobota 1997, insb. S. 254-257.

[243] Vgl. Diamond 1999: S. 10-12.

[244] Vgl. Beck 1977: S. 191-194, Schmidt 1995: S. 227-229. Die gängige Unterscheidung von autoritären und totalitären Diktaturen, die nach der Begrenztheit respektive Unbegrenztheit des politischen Gestaltungsanspruchs differenziert, ist für die Zwecke der Untersuchung nicht weiter relevant.

[245] Vgl. O'Donnell 2005: S. 3. Im Grunde bleibt es jedoch immer „Ansichtssache", ob Demokratie notwendigerweise auch Rechtsstaatlichkeit beinhaltet.

[246] Um nur ein Beispiel zu nennen: der Grundsatz „nulla poena sine lege" (keine Strafe ohne Gesetz).

che in Schauprozessen gänzlich versagt werden. Abgesehen davon werden die Angeklagten dort auch jeglicher Menschenwürde beraubt, weil man sie – selbst ohne die Anwendung von Folter – unweigerlich zu bloßen Objekten staatlichen Handelns degradiert.[247]

Ebenso muß es in Demokratien absolut ausgeschlossen sein, daß Politik und Justiz jemals in einem derart eindeutigen Subordinationsverhältnis zueinander stehen, wie es für die Abhaltung von Schauprozessen unbedingt erforderlich ist. Dies widerspräche dem zentralen Kriterium eines *unabhängigen* Justizwesens, das an Aufträge und Weisungen nicht gebunden ist und auch faktisch nicht wirksam gesteuert werden kann. Zwar ist die gelegentliche Inanspruchnahme von Gerichten für politische Zwecke (politische Justiz) nach Kirchheimer selbst in einer vollwertigen Demokratie bis zu einem gewissen Grad durchaus nützlich und notwendig,[248] vermutlich sogar unvermeidlich. Allerdings erscheint dies aus demokratietheoretischer Sicht auch noch als relativ unproblematisch, zumindest solange dabei der Grundsatz gilt:

> „Ob ein politischer Prozeß unter rechtsstaatlichen Voraussetzungen denen, die ihn gewollt haben, politische Gewinne oder Rückschläge bringen muß, ist ebenso unsicher wie Sieg oder Niederlage bei Wahlen."[249]

Sobald ein politisch motivierter Prozeß jedoch nicht mehr ergebnisoffen, sondern nach Maßgabe autoritärer Vorabentscheidungen geführt wird, stellt er ein Instrument staatlicher Willkürherrschaft dar und ist als solches mit demokratischen Verhältnissen vollkommen unvereinbar. Nach dieser Ansicht würde ein Regime seine demokratische Qualität also just in dem Moment verlieren, in dem es Schauprozesse durchführt bzw. sich auch nur in die Lage versetzt, dies zu tun (d.h. Kontrolle über Justiz und Massenmedien erlangt).

Selbstverständlich ist auch in Diktaturen längst nicht jedes Strafverfahren, in aller Regel noch nicht einmal jedes *politische* Strafverfahren sogleich ein Schauprozeß.[250] Doch nur hier sind Schauprozesse überhaupt vollumfänglich möglich. Bei einem Regime, das inszenierte Scheinverfahren zur politischen Verfolgung seiner mutmaßlichen Feinde einsetzt, muß es sich zumindest um einen „Doppelstaat" im Sinne Ernst Fraenkels handeln, also um ein schizophrenes System, in dem sowohl ein gewisser „Normenstaat" existiert, der seine eigenen Gesetze grundsätzlich befolgt, als auch ein willkürlich operierender „Maßnahmenstaat", der diese Gesetze bei politischem Bedarf geflissentlich ignoriert.[251] Die in etablierten Dikta-

---

247   Siehe zur sog. „Objektformel" als Kriterium einer Menschenwürdeverletzung u.a. BVerfGE 9: S. 171, BVerfGE 87: S. 228.

248   Vgl. Kirchheimer 1993: S. 622.

249   Ebd.: S. 183. Siehe auch Kos 1996: S. 428.

250   Siehe nur Lauf 1994.

251   Vgl. Fraenkel 1974: S. 13, 72. Der Vollständigkeit halber ist anzumerken, daß Fraenkel mit diesem Modell lediglich das Rechtssystem des Dritten Reiches charakterisieren

turen prinzipiell *unbeschränkte* Herrschaftsgewalt[252] gestattet es der Regimeführung, jederzeit sämtliche Institutionen der Gesellschaft in ihrem Sinne zu befehligen, so daß z.b. Gerichte und Medien nicht mehr nach ihren eigenen Maßstäben, sondern ausschließlich nach politischen Direktiven zu agieren haben. Obwohl dieser Zwang keineswegs permanent sein muß – der Justiz etwa mag im normalen Alltag weitgehende Entscheidungsfreiheit zugestanden werden, die nur ausnahmsweise, nämlich bei politisch hochbrisanten Fällen beschnitten wird –, ist gleichwohl das nötige *Zwangspotential* in einer stabilen Diktatur dauerhaft vorhanden. Allein dort kann ein Primat der Politik gegenüber allen anderen gesellschaftlichen Teilsystemen bestehen, was wiederum bedeutet, daß alle rechtlichen, medialen, wirtschaftlichen, kulturellen etc. Entscheidungen grundsätzlich zur Disposition der politischen Machthaber stehen.[253] Die Idealbedingung für Schauprozesse – totale Gleichschaltung von Massenmedien und Justiz – ist natürlich ebenfalls nur unter diktatorischer Herrschaft vorstellbar. Schließlich korrespondiert auch die Rechtlosigkeit der Angeklagten im Schauprozeß vortrefflich mit der generellen Rechtlosigkeit aller Untertanen einer Diktatur. So ist es kein Wunder, daß auch heute noch unzweifelhafte Schauprozesse anscheinend ausschließlich in solchen Regimen stattfinden, die ebenso unzweifelhaft als Diktaturen klassifiziert werden können (z.B. China, Syrien, Iran[254]).

In der Literatur gelten Schauprozesse für Diktaturen nicht nur als generell möglich, sondern darüber hinaus sogar als überaus typisch. Offenbar

> „[…] gehört speziell der politische Schauprozeß so eindeutig zu den Wesensmerkmalen der Strafjustiz in totalitär verfaßten Herrschaftssystemen, daß ein Verzicht der DDR-Justiz darauf geradezu systemwidrig hätte erscheinen müssen."[255]

Gleichlautend bemerkt Pirker zu den berüchtigten „Moskauer Prozessen" (1936-1938):

---

[252] wollte. Nach Ansicht des Verfassers ist das Modell des Doppelstaates jedoch durchaus auch auf andere Diktaturen übertragbar (z.B. die DDR, siehe Wesel 2003: S. 113), denn totale Anomie kann sich wohl *kein* auf Dauer gestelltes Regime leisten. Eine gewisses Minimum an Rechtssicherheit im alltäglichen Leben ist einfach unabdingbar.

[252] Die einzig denkbare Beschränkung ist eine eventuelle Selbstbeschränkung des bzw. der Herrschenden.

[253] Damit ist gemeint, daß alles unter dem Vorbehalt des Politischen steht. Jede rechtliche, mediale usw. Handlung muß sich im Zweifelsfall zuallererst daran messen lassen, ob sie *politisch* zulässig ist, d.h. den Interessen der Machthaber entspricht. Ihre *rechtliche* bzw. *mediale* Bewertung (als gerecht/ungerecht bzw. informativ/nicht informativ) ist dann vollkommen zweitrangig bzw. belanglos.

[254] Vgl. Lauf 1994: S. 287; siehe zu den aussagekräftigen Werten der genannten Staaten auf verschiedenen Demokratieskalen Schmidt 2000: S. 418-423.

[255] Fricke 1979: S. 273.

„Die ‚Moskauer Prozesse' waren keineswegs Ausnahmeerscheinungen oder Sonderfälle der Stalinschen Herrschaft, sie waren auch keine aus der Lage sich ergebenden zwingenden Lösungen, sie fielen weder vom Himmel, noch sind sie zufällig dem Gehirn des Despoten entsprungen: Sie waren wohlvorbereitete Instrumente des neuen despotischen Herrschaftssystems, und sie fügten sich nicht nur logisch und zwingend in dieses System ein, sie sind typisch und notwendig für dieses System."[256]

Dies könnte z.B. daran liegen, daß diktatorische Systeme den Schauprozeß wohl häufig als geeigneten Ersatz für politische Skandale identifizieren, welche in Diktaturen – sofern die Argumentation des folgenden Kapitels korrekt ist – nur selten möglich sind.

5.1.3 Die Rolle politischer Skandale in Demokratien und Diktaturen

Die beiden Politikwissenschaftler Andrei S. Markovits und Mark Silverstein formulierten in einem berühmt gewordenen Aufsatz seinerzeit die These, daß politische Skandale überhaupt nur in liberalen Demokratien vorkommen könnten. Allerdings definierten sie den „politischen" Skandal nicht etwa darüber, wessen Normverletzung und damit wessen Reputation (nämlich die eines genuin politischen Akteurs), sondern *welche Art* von Normverletzung zum Gegenstand des Konflikts gemacht wird. Nach ihrer Ansicht sind ausschließlich Machtmißbrauchsskandale als „politisch" zu qualifizieren, d.h. nur solche Skandale, die sich an Verstößen gegen geschriebene oder ungeschriebene Verfahrensregeln zur Ausübung politischer Macht entzünden. Da es solche herrschaftsbeschränkende Regeln lediglich in liberalen Demokratien gebe, so die naheliegende Schlußfolgerung von Markovits und Silverstein, könne es (per definitionem) auch nur dort zum politischen Skandal kommen.[257]

Dieser Ansatz ist zwar zugegebenermaßen elegant und in sich durchaus schlüssig. Nichtsdestoweniger erweist sich der zugrundegelegte Politskandalbegriff als viel zu restriktiv, denn er blendet unzählige historische und denkbare Skandale aus, denen man wohl kaum den Rang eines Politikums absprechen würde. Warum sollten beispielsweise Sexskandale von Politikern nicht politisch sein (können) bzw. als politisch angesehen werden dürfen?[258] In Anbetracht der Tatsache, daß gerade diese Skandale sehr häufig *politisch motiviert* zu sein scheinen und in vielen Staaten als ernstzunehmende Waffe im Kampf um Macht dienen, weil sie dort

---

[256] Pirker 1963: S. 61.

[257] Vgl. Markovits/Silverstein 1989.

[258] Siehe zur politischen Relevanz von Sexskandalen prominenter Politiker Apostilidis/ Williams 2004 sowie Thompson (2000: S. 124-129), der zu bedenken gibt, es gehe bei diesen angeblich oberflächlichen und frivolen Angelegenheiten regelmäßig eben nicht bloß um Sex, sondern auch um Doppelmoral, potentielle Interessenkonflikte und Vertuschung (als „second-order transgression").

auch unmittelbar *politische Folgewirkungen* erzielen können (z.B. Amtsverlust),[259] erscheint die simplifizierende Definition von Markovits/Silverstein als wenig überzeugend. Wählt man deshalb einen deutlich weiter gefaßten, weniger exklusiven Begriff des politischen Skandals, wird damit zugleich auch die Annahme hinfällig, daß sich politische Skandale *ausschließlich* in liberalen Demokratien ereignen.[260] Dennoch ist immerhin der Standpunkt vertretbar, daß zwischen liberaler Demokratie und politischem Skandal eine besondere Beziehung besteht. Denn das Phänomen des politischen Skandals scheint in demokratischen Regimen weitaus stärker verbreitet, häufiger und gewöhnlicher zu sein als in undemokratischen. Die folgenden Argumente sprechen eindeutig dafür, zumindest von einer *systematischen Affinität* des politischen Skandals zur Demokratie auszugehen:

Erstens weist die Demokratie als solche eine tendenziell stark durch *Konfrontation und Widerstreit* geprägte Atmosphäre politischer Willensbildung und Entscheidungsfindung auf, in der verschiedene Parteien und Interessengruppen – zwar grundsätzlich gewaltfrei, doch deshalb nicht weniger intensiv – miteinander um Macht und Einfluß ringen. Der nullsummenspielartige Charakter dieses permanenten Machtkampfs[261] motiviert die Beteiligten zum „negative campaigning", zu gezielten Angriffen auf die Reputation der politischen Konkurrenz, wofür deren Skandalisierung – wie bereits gezeigt werden konnte – stets ein äußerst probates Mittel ist. Dies leitet direkt zum zweiten Argument über: Für die politische Elite eines demokratischen Gemeinwesens ist hohe *Reputation von existentieller Bedeutung*. Da ihre Macht vom Volk als alleinigem Souverän nur auf (relativ kurze) Zeit verliehen wird, muß sie sich in regelmäßigen Abständen bei Wahlen anhand beliebiger Bewertungskriterien beurteilen lassen. Dabei stellt Reputation (neben Kompetenz) ein ganz maßgebliches Kriterium zur Aus- und Abwahl von politischem Personal dar.[262] Zwar ist hohe Reputation auch in Diktaturen nützlich, ihr Fehlen dort jedoch weit weniger problematisch: Ein Diktator kann es sich viel eher leisten, „berüchtigt" zu sein, im Notfall sogar, gehaßt und gefürchtet zu werden, da das Fortbestehen seiner Herrschaft eben nicht von seinem guten oder schlechten Ruf abhängt. Drittens gewähren Demokratien ein überaus hohes Maß an Meinungs- und Pressefreiheit, wie es für die Entstehung politischer Skandale unbe-

---

[259]   Anderer Ansicht King (1986: S. 187), der die Auffassung vertritt, daß Sexskandale zwar politische Konsequenzen haben mögen, jedoch gerade *nicht* politisch motiviert seien und daher nicht „essentiell", sondern quasi „versehentlich" politische Skandale seien. Allein die Hintergründe im Lewinsky-Skandal um US-Präsident Clinton lassen diese Ansicht allerdings als fragwürdig erscheinen (siehe nur Thompson 2000: S. 152).

[260]   Vgl. Thompson 2000: S. 94.

[261]   Siehe S. 12 in dieser Arbeit.

[262]   Dies erscheint durchaus nachvollziehbar, denn welcher Bürger würde sich schon freiwillig von Personen oder Parteien regieren lassen wollen, die nicht nur er selbst für „berüchtigt" hält, sondern offensichtlich auch signifikant viele andere?

dingt notwendig ist.[263] Diese Freiheitsrechte haben in demokratischen Regimen einen kaum überschätzbaren Stellenwert. Sie gestatten es in geradezu selbstverständlicher Weise, auch harsche Kritik oder derben Spott gegenüber der politischen Führung öffentlich zu äußern. Viertens sind in Demokratien politische Vorgänge ungleich transparenter als in Diktaturen. Freilich existieren auch hier noch mannigfaltige Geheimnisse und Interna, deren Kenntnisnahme einem höchst exklusiven Elitenzirkel vorbehalten bleibt (und bleiben muß, etwa: Geheimdienstaktivitäten). Doch die Chance, delikate Angelegenheiten auf Dauer vor der Öffentlichkeit verborgen halten zu können, ist im Vergleich zu einer in Diktaturen typischerweise abgeschotteten und informationell geschlossenen[264] politischen Sphäre ausnehmend gering.[265]

Vor diesem Hintergrund erscheint die These, eine perfekte Demokratie kenne keine Skandale,[266] fast schon absurd – es sei denn, man unterstellte zur „Perfektion" dieser Herrschaftsordnung zugleich auch noch die (moralische) Perfektion ihrer Bürger.[267] Das genaue Gegenteil scheint der Fall zu sein: Je stärker ein real existierendes politisches System dem demokratischen Ideal entspricht, desto skandalanfälliger wird es. Skandalfreie Gesellschaften sind wahrlich utopische Gesellschaften.[268]

> „political scandals will occur (and, indeed, have occured) in regimes of various kinds, from the absolutist and constitutional monarchies of early europe to the various forms of authoritarian regime which have existed in the twentieth century."[269]

---

[263] Vgl. Thompson 2000: S. 94-96, Winkler 1968: S. 5, Neckel 1990: S. 4, Williams 1998: S. 2 f., Ramge 2003: S. 8 f., Hondrich 2002: S. 47 f.

[264] Interessanterweise haben Diktaturen oftmals das Problem, daß nicht nur politisch gewünschte Informationen aus dem innersten Zentrum der Macht nach *außen* dringen (regimedienliche Propaganda etc.), sondern tendenziell auch nur erwünschte Informationen an die Machthaber herangetragen werden, mithin ein strukturelles Informationsdefizit der Staatsführung besteht. Grund ist das Risiko eines Überbringers schlechter Nachrichten, für die unliebsame Botschaft gegebenenfalls höchstselbst büßen zu müssen (vgl. Boulding 1956: S. 101, zit.n. Almond/Powell 1966: S. 184 f.).

[265] Anderer Auffassung sind Hondrich (2002: S. 60) und Sabrow (2004: S. 16), die gerade in der Verschlossenheit politischer Entscheidungszentren einen Nährboden für Skandale sehen.

[266] Vgl. Ramge 2003: S. 10.

[267] Schließlich können Skandale nur dann ausbrechen, wenn zuvor jemand unmoralisch gehandelt hat. Sind die Vorwürfe berechtigt, hat der Skandalisierte definitiv unmoralisch gehandelt. Sind sie unberechtigt, handelt hingegen der Skandalisierer unmoralisch, weil er – entweder voreilig oder aber ganz bewußt – einen Unschuldigen bezichtigt hat.

[268] Vgl. Bredow 1992: S. 195-197.

[269] Thompson 2000: S. 94. Ein Beispiel für die erstgenannte Fallgruppe ist die Daily Telegraph-Affäre um Kaiser Wilhelm II. (1908), für die zweite kommt etwa der Skandal um

Welche Rolle spielen politische Skandale nun aber in Diktaturen? Aufgrund des bisher Gesagten läßt sich vermuten: eine ziemlich marginale. Das Entstehen eines politischen Skandals unter diktatorischen Bedingungen ist in der Tat relativ unwahrscheinlich (wenngleich auch nicht gänzlich unmöglich, wie Markovits und Silverstein behaupten). Diktaturen im allgemeinen und Erziehungsdiktaturen wie das NS-Regime im besonderen neigen dazu, rein äußerlich ein „sauberes" Bild abzugeben. Sie bemühen sich um die demonstrative Zurschaustellung von öffentlicher Ordnung, Anstand und Moralität.[270] Um die Autorität und Legitimität der amtierenden Machthaber nicht zu gefährden, wird häufig jegliche Form von Kritik an diesem quasi-sakralen Personenkreis und der von ihm zu verantwortenden Politik mit Hilfe drastischer Sanktionsmaßnahmen unterbunden. Die Zensur der Massenmedien sorgt dafür, daß grundsätzlich keine (potentiell) kompromittierenden Verlautbarungen an die Öffentlichkeit dringen, geschweige denn dort frei diskutiert werden können. Wenn in Diktaturen politische Skandale stattfinden, so bleibt ihre Reichweite daher in aller Regel auf die Pseudoöffentlichkeit des politischen Subfelds beschränkt.[271] Der Reputationskonflikt wird dann lediglich innerhalb eines engen Kreises von „Eingeweihten" ausgetragen, beispielsweise nur innerhalb der Führungsriege der Staatspartei. Falls im Ausnahmefall doch etwas nach außen dringt, kann sich gesellschaftliche Empörung bestenfalls in Gerüchten, heimlichem Klatsch und Flüsterwitzen ausdrücken bzw. verbreiten, aber kaum jemals die Form eines Konflikts annehmen, bei dem eine zahlenmäßig relevante Gruppe den (bzw. einen der) despotischen Herrscher öffentlich anprangert. Die Reputation der politischen Führung ist in den allermeisten Diktaturen im wahrsten Sinne des Wortes indiskutabel.

Den Ausführungen Martin Sabrows zufolge gibt es jedoch eine Klasse von „diktaturspezifischen" Skandalen. Dabei handele es sich um jene Skandale, die von den Machthabern selbst inszeniert und gelenkt werden.[272] Solche Fälle befohlener Empörung wie etwa die über die Homosexualität von SA-Stabschef Ernst Röhm

---

die Ausbürgerung Wolf Biermanns aus der DDR (1976) in Betracht. Siehe zu letzterem Wolle 2004.

[270] Vgl. Winkler 1968: S. 5 f., Schütze 1985: S. 22-24.

[271] Vgl. Thompson 2000: S. 103-105. „institutions […] constitute a *political subfield*, that is, a sphere of action and interaction which is occupied by professional or semi-professional politicians and their associated personnel. […] The personalized character of these forms of interaction helps to ensure that the political subfield remains a relatively closed world which is turned in on itself, a world which is governed by its own rules and conventions, where practices may seem arcane [and, in dictatorial regimes, almost never become known] to outsiders and where personal connections matter." (ebd.: S. 98 f., 100, Erg. K.M.).

[272] Vgl. Sabrow 2004, insb. S. 24-26. Hierzu zählt Sabrow unter anderem auch Schauprozesse.

im Dritten Reich[273] stellen allerdings keine Skandale im Sinne der hier zugrundegelegten Definition dar, die darauf abstellt, daß sich allgemeine Entrüstung *eigendynamisch* entwickelt. Somit ist ein „gelenkter" Skandal nach der in dieser Arbeit
vertretenen Ansicht ein Widerspruch in sich. Darin liegt ein ganz wesentlicher
Unterschied zum Schauprozeß: Im Gegensatz zu diesem gibt es für Skandalisierung nämlich grundsätzlich *keine* Erfolgsgarantie, da ihre Wirksamkeit auf unvorhersehbaren und *nicht erzwingbaren* Publikumsreaktionen fußt.[274] Um dennoch darzulegen, daß politische Skandale auch in Diktaturen möglich sind, trägt eher noch
Sabrows Argument der „Teil- bzw. Gelegenheitsöffentlichkeiten", daß also re-
gimekritische Meinungsbildung zwar erschwert, aber niemals *vollkommen* unterdrückt werden kann – jedenfalls nicht in Kneipen, Warteschlangen etc.[275] Das
kollektiv *spürbare Feedback* eines empörten Publikums ist und bleibt allerdings das
eigentliche Problem des politischen Skandals in einer Diktatur.

Schließlich sei noch auf die Tatsache hingewiesen, daß es in Diktaturen an der
Möglichkeit einer zentralen Art von Normverletzung fehlt, welche in liberalen
Demokratien regelmäßig zum Eklat führt: der Verschmelzung von Öffentlichem
und Privatem.[276] In vielen Diktaturen war und ist es etwa Usus, daß die Staatskas-
se gleichzeitig auch das Privatvermögen des Despoten darstellt, während die An-
eignung von Steuergeldern in einer Demokratie dagegen völlig anders beurteilt,
nämlich (als Veruntreuung) juristisch geahndet wird.

Insgesamt betrachtet erweisen sich politische Skandale in Diktaturen eher als
Ausnahmen, die eine allgemeingültige Regel bestätigen. Das Auftreten politischer
Skandale ist unter demokratischen Bedingungen um ein Vielfaches wahrscheinli-
cher als in einer Diktatur. Sighard Neckel hat Begründung und Bedeutung dieses
Grundsatzes außerordentlich pointiert zusammengefaßt:

> „In autoritären Regimes gibt es mit Sicherheit nicht weniger Anlässe zum
> Skandal als in demokratischen Ordnungen. Dennoch entstehen politi-
> sche Skandale [vergleichsweise] selten, weil es einen freien Zugang zur
> Debatte über Angelegenheiten allgemeinen Interesses [im Regelfall] nicht
> gibt, mithin die Instanz der Öffentlichkeit (Habermas 1982) fehlt, über
> die ein politischer Skandal sich erst konstituieren kann. Für autoritäre
> Regime dürfte eher das interne Machtspiel, die Intrige, die der Öffent-
> lichkeit nicht unbedingt bedarf, bzw. die Skandale typisch sein, die die
> Machthaber öffentlich selbst inszenieren (wie etwa ‚Schauprozesse'), um

---

[273]   Siehe dazu Nieden/Reichardt 2004.

[274]   Gleichlautend Bösch 2006: S. 32. Kurz gesagt: „scandals resist orchestration and cen-
        tral direction" (Williams 1998: S. 128).

[275]   Siehe Sabrow 2004: S. 21-23 sowie erneut das einleitende Zitat von Bösch auf S. 1.

[276]   Vgl. Markovits/Silverstein 1989: S. 159; siehe auch Hondrich 2002: S. 40, 59-61. Dar-
        auf deutet bereits der Begriff des „Führers" hin, womit ein genuin unpolitischer Titel
        zum politischen Amt erhoben wird.

Machtkonkurrenz demonstrativ zu changieren. An die Stelle der sichtbaren Empörung wiederum tritt das Gerücht, dessen Inhalt aber nicht publik und als Kritik manifest werden kann. Das Fehlen politischer Skandale ist also kein Ausweis der besonderen moralischen Güte des jeweiligen politischen Personals. Im Gegenteil. Eher spricht es für den Gesinnungszwang, der in einer Gesellschaft herrscht, wenn politische Skandale fehlen, für den Mangel an sozialer Rollendifferenzierung, an deren Verletzung ein politischer Skandal sich erst entzünden kann, für das Fehlen einer relativen Gewaltfreiheit sozialer Konflikte, durch die ein Konflikttypus wie der politische Skandal erst möglich wird. Wo es den politischen Skandal nicht gibt, dort herrscht – außer Langeweile – *bestenfalls* nur eins: Gemeinschaft."[277]

5.2 Politische Skandale und Schauprozesse als Kommunikationsstrategien

Schauprozesse und politische Skandale beruhen in elementarer Weise auf Kommunikation. Sie *bestehen* nicht nur überwiegend aus kommunikativen Akten, sondern sind auch ihrerseits wiederum auf intensive Kommunikation angewiesen, um Wirkung zu entfalten.[278] In diesem Kapitel soll darüber hinaus nun auch begründet werden, daß es sich bei Schauprozessen und politischen Skandalen um Strukturen bzw. Strategien handelt, die vor allem zur politischen Kommunikation dienen, d.h. Informationen politischen Inhalts transportieren sollen.

Zu Recht werden politische Skandale von der Literatur vorwiegend im Bereich der Schaupolitik verortet. Hierunter kann jede *"politische Handlung verstanden werden, die expressiv in bezug auf ein Publikum wirksam ist oder wirksam sein soll"*[279] und sich dadurch systematisch vom Feld der instrumentellen Entscheidungspolitik abgrenzt. Ganz offensichtlich dürfen *Schau*prozesse – der Terminus weist ja bereits deutlich darauf hin – ebenfalls diesem Bereich zugerechnet werden. Denn ginge es beim Schauprozeß lediglich um die Liquidierung von Oppositionellen, wäre die aufwendige Inszenierung eines Gerichtsverfahrens vollkommen unnötig. Da das Urteil ohnehin unwiderruflich feststeht und von niemandem ernsthaft in Frage gestellt werden darf, könnte es im Grunde auch ohne Prozeß durch einfachen

---

[277] Neckel 1989a: S. 67, Erg. K.M.

[278] Zwar sind Schauprozesse und politische Skandale keineswegs Erfindungen der Moderne (siehe zu politischen Skandalen in früheren Jahrhunderten Schuller 1989, Münkler 1989, Landfried 1989; für Schauprozesse denke man allein an die Revolutionstribunale unter Robespierre). Die Entstehung der modernen Massenkommunikationsmedien und der damit verbundenen neuen Möglichkeiten (z.B. Visualisierung und Aktualisierung von Informationen) hat ihre potentielle Reichweite allerdings sprungartig vergrößert und infolgedessen zu einem enormen Effizienz- und Bedeutungszuwachs dieser beiden Strategien in modernen politischen Systemen geführt (siehe Thompson 2000: S. 29-59).

[279] Käsler et al. 1991: S. 26.

Befehl „von oben" vollstreckt werden.[280] Folglich muß die Form des Tribunals eindeutig anderen Zwecken dienen. Der Prozeß als solcher ist niemals zur Herbeiführung einer (rechtlichen) Entscheidung, sondern stets als Symbol, als *politische Botschaft* gedacht: Er soll demonstrieren, daß es unter der Herrschaft der jeweiligen politischen Führer „gerecht" zugeht, also Willkür kaschieren. Er soll zeigen, daß das Regime stets „Herr der Lage" ist und mit all seinen Feinden fertig wird, selbst wenn es sich dabei um Verräter aus den eigenen Reihen handeln sollte. Er soll die Bevölkerung einschüchtern, Regimegegner abschrecken und -anhänger disziplinieren.[281] Zugleich soll der Prozeß von politischen Problemen oder Fehlern der Staatsführung ablenken bzw. „Sündenböcke" finden, die genau für diese Mißstände verantwortlich gemacht werden können.[282] Insofern besitzen Schauprozesse auffallende Ähnlichkeit mit Scheinwahlen, welche in Diktaturen typischerweise abgehalten werden und ebenfalls bloßen Symbolcharakter besitzen, da sie faktisch nichts entscheiden.

Auch im politischen Skandal wird nichts entschieden. Vielmehr geht es demjenigen, der einer Gesellschaft vorschlägt, einen bestimmten Vorfall als „Skandal" zu werten, und dem empörten Publikum, das sich dieser Wertung bereitwillig anschließt, darum, *Schuld* zu verhängen. Der Skandal ficht eine ansonsten nur schwer anfechtbare Legitimitätsstruktur an, weil – so lautet die Botschaft – der skandalisierte politische Akteur auf nicht hinnehmbare Weise gegen Normen verstoßen haben soll, an die er überdurchschnittlich stark gebunden ist und darum kollektive Mißachtung verdiene.[283]

Natürlich geht es in Schauprozessen ebenfalls um Schuldbegründung. In beiden Fällen ist die Kommunikation eine zutiefst moralische, denn die charakterliche Integrität des jeweils für schuldig Befundenen wird *als Ganze* negiert.[284] Der gravierende Unterschied zwischen beiden Strategien besteht darin, daß die Kommunikation im Schauprozeß einseitig, nämlich von oben nach unten verläuft. Die Schuld des Angeklagten wird von der Regimeführung einer Gesellschaft demonstriert, die keine andere Wahl hat als dieses Urteil anzuerkennen. Bei politischen Skandalen findet dagegen notwendig ein Austausch bzw. Abgleich von Urteilen statt. Die kollektive Verurteilung des Skandalisierten kann lediglich *vorgeschlagen*

---

[280] Vgl. Ziehr 1970: S. 13 f., 317.

[281] Wenn sich theoretisch jeder jederzeit *selbst* in der Rolle des Angeklagten wiederfinden könnte (vgl. Wood 2005: S. 219), erzeugt der Schauprozeß vor allem eines: Furcht.

[282] Vgl. Wehner 1996: S. 28, Mählert 1996: S. 43 f., Pirker 1963: S. 49, Schrader 1995: S. 15 f., 21, 107; Hedeler 1999: S. 24, Kos 1996: S. 426 f.

[283] Medien und Publikum neigen dazu, diese Schuld zu generalisieren. Ausnahmefälle werden viel eher als symptomatisch empfunden: „Einzelne Verhaltensweisen erscheinen [...] als typisch für einen Politiker, seine Partei, die politische Klasse oder das politische System." (Kepplinger 2005: S. 139, vgl. auch Luhmann 2000: S. 269, Fn. 61).

[284] Vgl. Kneer/Nassehi 2000: S. 180.

werden und bedarf dann einer vernehmbaren Zustimmung der Gesellschaft (Rückkopplung). Diese Überlegung erhärtet Kepplingers These, Skandale seien eine „demokratische Variante von Schauprozessen"[285].

Mit der Feststellung, daß Schauprozesse und politische Skandale (hauptsächlich) als politische Kommunikationsstrategien interpretierbar sind, kann die Menge an potentiell äquivalenten Funktionen bereits erheblich eingeschränkt werden.

---

[285] Kepplinger 2005: S. 86.

6   Zusammenfassung, Schlußfolgerung und Ausblick

Die dieser Arbeit zugrundeliegende zentrale Leitfrage lautete, auf der Basis welcher *begrifflicher, methodischer und theoretischer Grundlagen* eine abschließende Untersuchung der funktionalen Äquivalenz von politischen Skandalen in Demokratien und Schauprozessen in Diktaturen sinnvoll durchgeführt werden könnte.

Ausgehend von einer konkret formulierten Äquivalenzhypothese wurde dazu zunächst eine begrifflich-theoretische Einordnung des politischen Skandals sowie des Schauprozesses vorgenommen. Hinsichtlich der Beschreibung dieser beiden Phänomene wurde besonderer Wert auf ihre Verschiedenheit gelegt. Dabei konnte demonstriert werden, daß politische Skandale und Schauprozesse jeweils *eigenständige* Strategien sind, mit denen politische Systeme bestimmter Prägung – so die bislang unbestätigte Unterstellung – in unterschiedlicher Weise auf ähnliche funktionale Erfordernisse reagieren. Im Anschluß daran wurden Begriffssystematik, Denkweise und Vorteile der äquivalenzfunktionalistischen Methode vorgestellt und diese als für eine Folgeuntersuchung unmittelbar geeignetes Analysekonzept vorgeschlagen. Bei der Betrachtung der *theoretischen* Grundlagen des zu konzipierenden Funktionsvergleichs konnte einerseits festgestellt werden, daß es sich bei Schauprozessen und politischen Skandalen um potentiell funktionale Phänomene handelt und daß ihre Funktionalität auch von der relativen Häufigkeit ihres empirischen Auftretens abhängen müßte. Des weiteren existiert bereits auf theoretischer Ebene ein signifikanter Zusammenhang zwischen politischem Skandal und Demokratie sowie zwischen Schauprozeß und Diktatur, was einen möglichen Grund darstellt, weshalb ein bestimmter Regimetyp zur Lösung bestimmter Probleme auf genau eine dieser beiden Institutionen angewiesen sein könnte – wohlgemerkt unter der immer noch fraglichen Voraussetzung, daß es sich auch tatsächlich um funktionale Äquivalente handelt. Auch die zu Anfang geäußerte Vermutung, daß Schauprozesse und politische Skandale Kommunikationsstrategien darstellen, hat sich vorläufig bestätigt.

Was bedeuten nun diese ersten Ergebnisse für eine fortgesetzte Beschäftigung mit dem hier aufgezeigten Problem? Sie weisen in erster Linie darauf hin, daß eine Anschlußuntersuchung in Form eines systematischen Funktionsvergleichs äußerst vielversprechend zu sein scheint und daher wünschenswert wäre. Zugleich machen sie jedoch auch die Schwierigkeiten deutlich, mit denen ein solch aufwendiges Vorhaben unweigerlich behaftet wäre. Denn laut Literatur sind sowohl Schauprozesse als auch politische Skandale höchst komplexe und ausdrücklich multifunktionale Erscheinungen des politischen Lebens.[286] Eine vollständige Analyse der Äquivalenzhypothese müßte daher außergewöhnlich viele denkbare

---

[286]   Vgl. Maderthaner/Schafranek/Unfried 1991: S. 9, Käsler et al. 1991: S. 13.

und diskussionswürdige Funktionen in ihre Auswertung miteinbeziehen.[287] Zudem erscheint es notwendig, eine zusätzliche Unterscheidung zwischen *kurz-, mittel- und langfristigen* politischen Problemen vorzunehmen, die von Skandalen respektive Schauprozessen gelöst oder auch erzeugt werden könnten.[288]

Bislang weisen auffindbare Muster auf eine gleichwertige Fähigkeit beider Phänomene hin, bestimmte Systemprobleme zu bearbeiten.[289] Daher mag an dieser Stelle zumindest eine Spekulation gestattet sein, um welche Probleme es sich dabei handeln könnte, sprich *hinsichtlich welcher Funktionen von der Äquivalenz von politischen Skandalen in Demokratien und Schauprozessen in Diktaturen möglicherweise ausgegangen werden kann.* Intuitiv zu denken wäre dabei etwa an die gemeinsame Funktion, die zentralen Normen und Werte des jeweiligen politischen Systems öffentlich zu kommunizieren, damit diese in regelmäßigen Abständen erneute Bestätigung erfahren. Diese konsistente Selbstlegitimation des politischen Systems[290] könnte durchaus dazu geeignet sein, seine ideologisch-weltanschaulichen Fundamente mittelfristig zu stabilisieren und damit effektiv zur Selbsterhaltung beizutragen.[291] Eine weitere vorstellbare Funktion besteht in der kollektiven Entlastung von der Suche nach kommunizierbaren Motiven[292], um sich unliebsam gewordener Teil-

---

[287] Deswegen hat sich auch der einstige Anspruch des Autors, in der ursprünglichen Version der vorliegenden Arbeit genau dies zu leisten, als leider nicht erfüllbar erwiesen.

[288] Dies gilt insbesondere für die gängige These, daß politische Skandale systematisch das Vertrauen in die politischen Institutionen untergraben (siehe Chanley/Rudolph/Rahn 2000) bzw. Politikverdrossenheit erzeugen würden. So könnte man etwa annehmen, daß infolge politischer Skandale *kurzfristig* vor allem einzelne Personen Schaden davontragen (Politikerverdrossenheit), *mittelfristig* eher Parteien (Parteienverdrossenheit) und *langfristig* die Demokratie selbst (Demokratieverdrossenheit). Die wenigen empirischen Studien, die bislang den Einfluß politischer Skandale bzw. ihrer Berichterstattung in den Medien auf Politikverdrossenheit untersucht haben, sprechen allerdings eine überaus uneinheitliche Sprache: Kepplinger (1996), Friedrichsen (1996), Maurer (2003) und Wolling (2001) erhalten (in sehr unterschiedlichem Ausmaß) empirische Belege *für* eine solche Wirkung; dagegen kann Maier (2003b) den postulierten Zusammenhang weitestgehend widerlegen.

[289] Vor diesem Hintergrund erweist sich die schlichte (da völlig unbegründete) Behauptung Laermanns, politische Skandale könnten Schauprozesse nicht funktional ersetzen (vgl. Laermann 1984: S. 162), als überaus fragwürdig. Siehe für einen kurzen, jedoch längst nicht erschöpfenden Überblick über die wichtigsten mutmaßlichen Funktionen von Schauprozessen bzw. politischen Skandalen Kos 1996: S. 428 und Schmitz 1981: S. 108-112.

[290] „Operativ gesehen ist Legitimation immer Selbstlegitimation. Sie muß durch politische (als politisch erkennbare) Kommunikationen vollzogen werden." Luhmann 2002: S. 358 f.

[291] Siehe etwa Markovits/Silverstein 1989: S. 153-155, 165.

[292] Im Sinne eines strikt soziologischen – nicht etwa psychologischen! – Motivbegriffs nach Charles W. Mills (siehe dazu Mills 1940, Gerth/Mills 1970: S. 102-117). Gemeint sind folglich *nach außen hin darstellbare Rechtfertigungen* für deviantes Verhalten.

haber an der Herrschaftsausübung zu entledigen. Anders ausgedrückt könnte nach dieser Vorstellung also entweder mit (erfolgreicher) Skandalisierung oder aber mit einem inszenierten Tribunal ein unkonventioneller, d.h. von den „Spielregeln" des politischen Systems offiziell nicht vorgesehener Austausch von politischem Personal nicht bloß vollzogen, sondern gleichzeitig auch öffentlich *rechtfertigt* werden.[293] Beide Strategien mögen auch zur informalen sozialen Kontrolle derer dienen, die grundsätzlich über genügend Macht verfügen, sich (formaler) sozialer Kontrolle gegebenenfalls zu entziehen.[294] Demnach bildeten Schauprozeß und politischer Skandal unterschiedliche Darstellungs- und Sanktionierungsformen unerwünschten Verhaltens von politischen Eliten, mit deren Hilfe strukturelle Kontrolldefizite anderer Institutionen (z.B. Gerichte in Demokratien, Militär in Diktaturen) kompensiert werden können. Dies sollte in erster Linie durch Abschreckung funktionieren.[295] Schließlich könnten sowohl durch einen politischen Skandal als auch durch einen Schauprozeß legislative und/oder administrative Handlungen legitimiert werden, welche unter sonstigen Bedingungen kaum durchsetzbar bzw. als „notwendig" vermittelbar wären. Trotz ihrer Tendenz zur Habitualisierung sind Skandale und Schauprozesse scheinbar außeralltägliche Ereignisse. Genauer gesagt müssen sie stets mit dem *Anspruch* kommuniziert werden, außeralltägliche Ereignisse zu sein, denn sonst würden sie keine Aufmerksamkeit erregen. Da es sich zudem um negative Ereignisse handelt, deren Anlässe man künftig beseitigt sehen möchte, kann die Botschaft „außergewöhnliche Mißstände erfordern außergewöhnliche (Beseitigungs-)Maßnahmen" vermittelt und die Maßnahme selbst ergriffen werden.[296]

---

[293] Nach Ginsberg/Shefter (1999) handelt es sich dabei offensichtlich um eine Dysfunktion – jedenfalls dann, wenn politische Skandale Wahlen bzw. elektoralen Wettbewerb als *die* institutionalisierte Form des Konfliktaustrags konterkarieren und als Entscheidungsmechanismus über Ein- und Absetzung von politischem Personal zunehmend ersetzen. Diese Tendenzen glauben die Autoren für die USA mittlerweile feststellen zu können. Übrigens muß beim politischen Skandal – im Gegensatz zum Schauprozeß – derjenige, der letztendlich durch Entlassung oder Rücktritt sein Amt oder Mandat verliert, nicht immer auch derjenige sein, der *eigentlich* (politisch) eliminiert werden sollte. Offenbar können sich skandalisierte Machthaber zuweilen durch das Erbringen eines „Bauernopfers" vor eigenem Amtsverlust retten.

[294] Vgl. Schütze 1985: S. 326 f., 323; Hondrich 2002: S. 17-23, 31 f.; Esser/Hartung 2004: S. 1046 f.; Neckel 2005: S. 107.

[295] Allerdings nur solange, wie lediglich *einzelne* und nicht etwa *alle* Normverletzungen seitens politischer Akteure skandalisiert bzw. im Schauprozeß angeprangert werden. Denn „Eine Gesellschaft, die jede Verhaltensabweichung aufdeckte, würde zugleich die Geltung ihrer Normen ruinieren" (Popitz 1968: S. 9, siehe auch Ebbighausen 1989: S. 173; ferner Kepplinger/Ehmig 2004).

[296] So haben politische Skandale häufig Rechtsänderungen zur Folge, z.B. den Erlaß eines Gesetzes zur Korruptionsbekämpfung, und Schauprozesse können zum Anlaß genommen werden, energischer als bisher gegen oppositionelle Gruppen vorzugehen,

Falls sich politische Skandale in Demokratien und Schauprozesse in Diktaturen in späteren Untersuchungen als grundsätzlich äquivalent hinsichtlich dieser oder anderer Funktionen herausstellen sollten, so würde dies unweigerlich weitere wichtige Fragen aufwerfen. Ein solcher Befund ließe etwa vermuten, daß politische Systeme anscheinend grundsätzlich dazu neigen, nach formal legitimen Surrogaten für solche Institutionen zu suchen, die ihnen aufgrund von fundamentalen Normenkollisionen verwehrt bleiben. „Vielleicht muß tatsächlich jede Gesellschaft in periodischen Abständen öffentliche Degradierungszeremonien durchführen"[297], und vielleicht tut sie dies dann automatisch auch auf diejenige Weise, die ihren strukturellen Rahmenbedingungen und ihrem Selbstverständnis (*als* „liberale Demokratie", *als* „sozialistische Volksrepublik" usw.) am ehesten entspricht. Allerdings wäre der politische Skandal dann gerade aufgrund seiner Eigenschaft als potentieller Ersatz für Schauprozesse möglicherweise noch viel problematischer für freiheitliche Demokratien als dies ohnehin schon der Fall zu sein scheint. Johannes Gross schrieb einst, daß der Skandal im Grunde ein „archaisches Institut" sei, das „weder in unsere Rechtswelt [...] noch in unsere rationale politische Verfassung"[298] passe. Vierzig Jahre später gibt auch Kepplinger zu bedenken:

> „Typisch für Skandale ist die Ungleichbehandlung ähnlicher Sachverhalte. [...] Die anonymen Spenden an den ehemaligen Schatzmeister der SPD wurden kaum zur Kenntnis genommen, die Spenden an den ehemaligen CDU-Vorsitzenden als Verfassungsbruch gegeißelt. [...] Im Skandal erscheint vieles erlaubt, was normalerweise unzulässig ist [bspw. illegale Informationsbeschaffung] [...] Falls bei Skandalen dennoch einmal die Zulässigkeit von Regelverletzungen diskutiert wird, ist nicht die Ermittlung der Wahrheit das relevante Urteilskriterium, sondern das Interesse der Öffentlichkeit. [...] Verstöße gegen geltendes Recht werden bei der Skandalierung von Missständen durch das Interesse der Allgemeinheit, das durch die rechtswidrigen Publikationen häufig erst hervorgerufen wurde, relativiert und nur in seltenen Fällen geahndet."[299]

Darüber hinaus findet in politischen Skandalen regelmäßig eine Beweislastumkehr zuungunsten des „Angeklagten" statt: Der Skandalisierte gilt von vornherein als schuldig, und *er* muß eine voreingenommene Öffentlichkeit erst einmal vom Gegenteil überzeugen.[300] Die Unschuldsvermutung „in dubio pro reo", sonst ein Mantra des Rechtsstaats, wird hier plötzlich zum „in dubio *contra* reo" verkehrt. Gegenüber Nonkonformisten herrscht prinzipiell Intoleranz, was moralisch be-

---

was für das jeweilige Regime als solches durchaus (eu-)funktional sein kann (siehe zur Funktion der Legitimierung politischer Folgemaßnahmen Ziehr 1970: S. 213-221, 310).

[297] Gronbeck 1985: S. 276.

[298] Gross 1965: S. 399.

[299] Kepplinger 2005: S. 136, 137, 138, Erg. K.M.

[300] Siehe auch Kepplinger/Hartung 1993: S. 9.

gründeter Zensur gleichkommt. Vor diesem Hintergrund erschiene es interessant zu prüfen, was die funktionale Äquivalenz politischer Skandale mit Schauprozessen für die Verwirklichung bestimmter Werte in liberalen Demokratien *zusätzlich* bedeuten würde. Stünde der politische Skandal damit am Ende nicht doch im Widerspruch zu den Postulaten vieler normativer Demokratietheorien?

Von nicht unbeträchtlichem Interesse wäre auch die Frage, ob ein bestimmter Kanon an äquivalenten Funktionen womöglich zum besseren Verständnis historischer Einzelfälle von Schauprozessen und politischen Skandalen beitragen könnte. Selbst wenn man von der starren Vorstellung abrückt, daß es sich bei Funktionen um universale, d.h. in jedem Fall zwingende Konsequenzen handelt, und sich stattdessen auf einen „weicheren" (äquivalenzfunktionalistischen) Funktionsbegriff einläßt, der „Funktion" lediglich als generell *mögliche* Konsequenz einer sozialen Struktur versteht, könnte sich ein solcher Kanon als sinnvolles Muster für künftige Einzelfallstudien erweisen. Es ist durchaus denkbar, daß politische Skandale – ebenso wie Schauprozesse – in unterschiedlichen politischen Kontexten auch jeweils unterschiedliche bzw. unterschiedlich *viele* Funktionen erfüllen.[301] Aber Fälle, in denen zentrale Funktionen wider Erwarten offensichtlich *nicht* erfüllt worden sind, erschienen dann aus theoretisch nachvollziehbaren Gründen als erklärungs- bzw. rechtfertigungsbedürftig. Ausgehend davon könnte man dann nach funktionshemmenden Randbedingungen suchen, etwa nach spezifischen Eigenschaften des jeweiligen politischen Systems, welche die eigentlich erwartbare Funktionserfüllung der untersuchten Struktur *in diesem konkreten Fall* blockiert haben. Damit wiederum wäre genügend Raum für neue Analysen und neue Erklärungsansätze eröffnet.

Schließlich mag gegebenenfalls auch die empirische Regime- und Transitionsforschung einen wertvollen Beitrag zur schrittweisen Beantwortung der hier lediglich angerissenen Frage leisten, wie es um die funktionale Äquivalenz von politischen Skandalen in Demokratien und Schauprozessen in Diktaturen tatsächlich bestellt ist. So wäre beispielsweise die Überlegung, daß mit fortschreitender Demokratisierung und Liberalisierung eines Regimes die Anstrengung von Schauprozessen gegen seine Kritiker zugunsten der Skandalisierung seiner Politiker abnehmen müßte, einer eingehenden Überprüfung wert.

Obwohl speziell auf dem Gebiet der politikwissenschaftlichen Skandalforschung noch viel Arbeit zu leisten ist, steht dennoch fest, daß das immerhin noch 1972 geäußerte Bonmot Luhmanns, es gäbe keine Forschung über Skandale, die nicht selbst skandalös sei,[302] erfreulicherweise längst als überholt gelten kann. Davon

---

[301]   Gerade die weltweite Verbreitung, die Omnipräsenz von politischen Skandalen und Schauprozessen ist eines der faszinierendsten Merkmale dieser Phänomene.

[302]   Vgl. Luhmann 1972: S. 62, Fn. 69. Siehe zu den mutmaßlichen Gründen, weshalb dies in der Tat für lange Zeit der Fall war, Thompson 2000: S. 5, Neckel 1989a: S. 55 und Markovits/Silverstein 1989: S: 151-153.

zeugen zahlreiche der im Literaturverzeichnis dieses Buches aufgeführten Texte, die sich durch eine beeindruckend fundierte Aufarbeitung dieser wirklich äußerst komplexen und schwierigen Materie auszeichnen. Wenn das vorliegende Buch zumindest einen ersten Zugang zu diesem Gebiet und seinen bislang offenen Fragen ein wenig erleichtern kann, vielleicht sogar jemanden dazu angeregt haben sollte, sich der anspruchsvollen Aufgabe zu stellen und den hier vorgezeichneten Weg weiter zu beschreiten, so hat sich sein Zweck erfüllt.

Literaturverzeichnis

Alemann, Ulrich von 1985: Politische Moral und politische Kultur in der Bundesrepublik – Vergiften oder reinigen Skandale die Politik? In: Gewerkschaftliche Monatshefte 36:5, S. 258-269.

Almond, Gabriel A./Powell, G. Bingham 1966: Comparative Politics. A Developmental Approach, Boston: Little, Brown and Company.

Almond, Gabriel et al. 2004: Comparative Politics Today. A World View, 8. Aufl., New York u.a.: Pearson Longman.

Apostolidis, Paul/Williams, Juliet A. (Hg.) 2004: Public Affairs. Politics in the Age of Sex Scandals, Durham/London: Duke University Press.

Auer von Herrenkirchen, Wolffhart 1993: Das Strafrecht der Volksrepublik China unter besonderer Berücksichtigung des sowjetischen Strafrechts (Diss. Univ. Regensburg), Baden-Baden: Nomos.

Beck, Reinhart 1977: Sachwörterbuch der Politik, Stichwörter „Diktatur" und „Schauprozeß", Stuttgart: Kröner.

Beckert, Rudi 1995: Schau- und Geheimprozesse vor dem Obersten Gericht der DDR, Goldbach: Keip.

Bösch, Frank 2006: Politische Skandale in Deutschland und Großbritannien, in: APuZ B 7, S. 25-32.

Bourdieu, Pierre 2001: Das politische Feld, in: Ders.: Das politische Feld, Konstanz: UVK, S. 41-67.

Bredow, Wilfried von 1992: Legitimation durch Empörung. Vorüberlegungen zu einer politischen Theorie des Skandals, in: Schoeps, Julius (Hg.): Der politische Skandal, Stuttgart/Bonn: Burg, S. 190-208.

Brodocz, André 2001: Die politische Theorie autopoietischer Systeme: Niklas Luhmann, in: Brodocz, André/Schaal, Gary S. (Hg.): Politische Theorien der Gegenwart II. Eine Einführung, Opladen: Leske + Budrich, S. 465-495.

Bühl, Walter L. 1975: Einleitung: Funktionalismus und Strukturalismus, in: Ders. (Hg.): Funktion und Struktur. Soziologie vor der Geschichte, München: Nymphenburger, S. 9-97.

Castells, Manuel 2002: Die Macht der Identität, Opladen: Leske + Budrich.

Chanley, Virginia A./Rudolph, Thomas J./Rahn, Wendy M. 2000: The Origins and Consequences of Public Trust in Government: A Time Series Analysis, in: The Public Opinion Quarterly 64:3, S. 239-256.

Chubb, Judith/Vannicelli, Maurizio 1988: Italy: A Web of Scandals in a Flawed Democracy, in: Markovits, Andrei S./Silverstein, Mark (Hg.): The Politics of Scandal. Power and Process in Liberal Democracies, New York: Holmes and Meier, S. 122-150.

Dahrendorf, Ralf 1955: Struktur und Funktion. Talcott Parsons und die Entwicklung der soziologischen Theorie, in: KZfSS 7, S. 491-519.

Diamond, Larry 1999: Developing Democracy. Toward Consolidation, Baltimore/London: John Hopkins University Press.

Dogan, Mattei/Pelassy, Dominique 1990: How To Compare Nations. Strategies in Comparative Politics, 2. Aufl., New Jersey: Chatham House.

Dogan, Mattei 1998: Political Science and the Other Social Sciences, in: Goodin, Robert E./Klingemann, Hans-Dieter (Hg.): A New Handbook of Political Science, Oxford u.a.: Oxford University Press, S. 97-130.

Druwe, Ulrich 1995: Politische Theorie, 2. Aufl., Neuried: ars una.

Ebbighausen, Rolf 1989: Skandal und Krise. Zur gewachsenen „Legitimationsempfindlichkeit" staatlicher Politik, in: Ders./Neckel, Sighard (Hg.): Anatomie des politischen Skandals, Frankfurt a.m.: Suhrkamp, S. 171-200.

Eis, Egon 1965: Illusion der Gerechtigkeit. Die großen Schauprozesse der Geschichte, Wien/Düsseldorf: Econ.

Eps, Peter/Hartung, Uwe/Dahlem, Stefan 1996: Von der Anprangerung zum Skandal. Konsensbildung im Fall Werner Höfer, in: Jarren, Otfried/Schatz, Heribert/Weßler, Hartmut (Hg.): Medien und politischer Prozeß. Politische Öffentlichkeit und massenmediale Politikvermittlung im Wandel, Opladen: Westdeutscher, S. 103-118.

Esser, Hartmut 1993: Soziologie. Allgemeine Grundlagen, Frankfurt a.M./New York: Campus.

Esser, Frank/Hartung, Uwe 2004: Nazis, Pollution, and No Sex. Political Scandals as a Reflection of Political Culture in Germany, in: The American Behavioral Scientist 47:8, S. 1040-1071.

Festinger, Leon 1957: A Theory of Cognitive Dissonance, Stanford: Stanford University Press.

Fraenkel, Ernst 1974 [1941]: Der Doppelstaat, Frankfurt a.M./Köln: EVA.

Fricke, Karl W. 1979: Politik und Justiz in der DDR. Zur Geschichte der politischen Verfolgung 1945-1968, Köln: Wissenschaft und Politik.

Friedrichsen, Mike 1996: Politik- und Parteienverdruß durch Skandalberichterstattung? In: Jarren, Otfried/Schatz, Heribert/Weßler, Hartmut (Hg.):

Medien und politischer Prozeß. Politische Öffentlichkeit und massenmediale Politikvermittlung im Wandel, Opladen: Westdeutscher, S. 73-93.

Garment, Suzanne 1991: Scandal. The Culture of Mistrust in American Politics, New York/Toronto: Random House.

Geiger, Thomas/Steinbach, Alexander 1996: Auswirkungen politischer Skandale auf die Karriere der Skandalierten, in: Jarren, Otfried/Schatz, Heribert/Weßler, Hartmut (Hg.): Medien und politischer Prozeß. Politische Öffentlichkeit und massenmediale Politikvermittlung im Wandel, Opladen: Westdeutscher, S. 119-133.

Germis, Carsten 1988: Parlamentarische Untersuchungsausschüsse und politischer Skandal. Dargestellt am Beispiel des Deutschen Bundestages, Frankfurt a.m.: Haag + Herchen.

Gerth, Hans/Mills, Charles W. 1970 [1953]: Person und Gesellschaft. Die Psychologie sozialer Institutionen, Frankfurt a.M./Bonn: Athenäum.

Ginsberg, Benjamin/Shefter, Martin 1999: Politics by Other Means. Politicians, Prosecutors, and the Press from Watergate to Whitewater, 2. Aufl., New York/London: Norton & Company.

Gluckman, Max 1989 [1963]: Klatsch und Skandal, in: Ebbighausen, Rolf/ Neckel, Sighard (Hg.): Anatomie des politischen Skandals, Frankfurt a.M.: Suhrkamp, S. 17-35.

Gouldner, Alvin W. 1959: Reciprocity and Autonomy in Functional Theory, in: Gross, Llewellyn (Hg.): Symposium on Sociological Theory, Illinois/New York: Row, Peterson and Company, S. 241-270.

Gronbeck, Bruce 1985: Die Rhetorik politischer Korruption, in: Fleck, Christian/Kuzmics, Helmut (Hg.): Korruption. Zur Soziologie nicht immer abweichenden Verhaltens, Königstein: Athenäum, S. 256-281.

Gross, Johannes 1965: Phänomenologie des Skandals, in: Merkur 19:205, S. 398-400.

Hafner, Georg M./Jacoby, Edmund 1990 (Hg.): Die Skandale der Republik, Hamburg: Hoffmann und Campe.

Hafner, Georg M./Jacoby, Edmund 1994 (Hg.): Neue Skandale der Republik, Reinbek bei Hamburg: Rowohlt.

Hedeler, Wladislaw 1999: Der Große Terror: Vorgeschichte – Abläufe – Folgen, in: Kinner, Klaus (Hg.): Moskau 1938. Szenarien des Großen Terrors, Leipzig: GNN, S. 9-28.

Hedeler, Wladislaw 2003: Chronik der Moskauer Schauprozesse 1936, 1937 und 1938. Planung, Inszenierung und Wirkung, Berlin: Akademie.

Hempel, Carl G. 1959: The Logic of Functional Analysis, in: Gross, Llewellyn (Hg.): Symposium on Sociological Theory, Illinois/New York: Row, Peterson and Company, S. 271-307.

Hitzler, Ronald 1989: Skandal ist Ansichtssache. Zur Inszenierungslogik ritueller Spektakel in der Politik, in: Ebbighausen, Rolf/Neckel, Sighard (Hg.): Anatomie des politischen Skandals, Frankfurt a.m.: Suhrkamp, S. 334-354.

Hodos, Georg H. 1988: Schauprozesse. Stalinistische Säuberungen in Osteuropa 1948-54, Frankfurt a.m./New York: Campus.

Hondrich, Karl O. 2002: Enthüllung und Entrüstung. Eine Phänomenologie des politischen Skandals, Frankfurt a.m.: Suhrkamp.

Jansen, Marc 1982: A Show Trial Under Lenin. The Trial of the Socialist Revolutionaries, Moscow 1922, The Hague/Boston/London: Martinus Nijhoff Publishers.

Jary, David/Jary, Julia 1991: The HarperCollins Dictionary of Sociology, Stichwort „functionalism", New York: HarperPerennial.

Jensen, Stefan 2003: Funktionalismus und Systemtheorie – von Parsons zu Luhmann, in: Jetzkowitz, Jens/Stark, Carsten (Hg.): Soziologischer Funktionalismus. Zur Methodologie einer Theorietradition, Opladen: Leske + Budrich, S. 177-203.

Jetzkowitz, Jens/Stark Carsten 2003: Zur Einführung. Der Funktionalismus und die Frage nach der Methodologie, in: Dies. (Hg.): Soziologischer Funktionalismus. Zur Methodologie einer Theorietradition, Opladen: Leske + Budrich, S. 7-16.

Käsler, Dirk et al. 1991: Der politische Skandal. Zur symbolischen und dramaturgischen Qualität von Politik, Opladen: Westdeutscher.

Katz, Alfred 2002: Staatsrecht. Grundkurs im öffentlichen Recht, 15. Aufl., Heidelberg: C. F. Müller.

Kepplinger, Hans M./Hartung, Uwe 1993: Am Pranger. Eine Fallstudie zur Rationalität öffentlicher Kommunikation, München: Fischer.

Kepplinger, Hans M. 1996: Skandale und Politikverdrossenheit – ein Langzeitvergleich, in: Jarren, Otfried/Schatz, Heribert/Weßler, Hartmut (Hg.): Medien und politischer Prozeß. Politische Öffentlichkeit und massenmediale Politikvermittlung im Wandel, Opladen: Westdeutscher, S. 41-58.

Kepplinger, Hans M./Ehmig, Simone C./Hartung, Uwe 2002: Alltägliche Skandale. Eine Analyse regionaler Fälle, Konstanz: UVK.

Kepplinger, Hans M./Ehmig, Simone C. 2004: Ist die funktionalistische Skandaltheorie empirisch haltbar? Ein Beitrag zur Interdependenz von Politik und Medien im Umgang mit Missständen in der Gesellschaft, in:

Imhof, Kurt et al. (Hg.): Mediengesellschaft. Strukturen, Merkmale, Entwicklungsdynamiken, Wiesbaden: VS.

Kepplinger, Hans M. 2005: Die Mechanismen der Skandalierung. Die Macht der Medien und die Möglichkeiten der Betroffenen, 2. Aufl., München: Olzog.

King, Anthony 1986: Sex, Money, and Power, in: Hodder-Williams, Richard/ Ceaser, James (Hg.): Politics in Britain and the United States. Comparative Perspectives, Durham: Duke University Press, S. 173-202.

Klier, Peter/Stölting, Erhard/Süß, Walter 1989: Konvergenz der Skandale? Öffentlichkeit, Publikum und Korruption in der Sowjetunion, in: Ebbighausen, Rolf/Neckel, Sighard (Hg.): Anatomie des politischen Skandals, Frankfurt a.M.: Suhrkamp, S. 274-304.

Kneer, Georg/Nassehi, Armin 2000: Niklas Luhmanns Theorie sozialer Systeme. Eine Einführung, 4. Aufl., München: Wilhelm Fink.

Koch, Hannsjoachim W. 1988: Volksgerichtshof. Politische Justiz im 3. Reich, München: Universitas

Kos, Franz-Josef 1996: Politische Justiz in der DDR. Der Dessauer Schauprozeß vom April 1950, in: Vierteljahreshefte für Zeitgeschichte 44:3, S. 395-429.

Kuhn, Thomas S. 2001 [1962]: Die Struktur wissenschaftlicher Revolutionen, 16. Aufl., Frankfurt a.M.: Suhrkamp.

Laermann, Klaus 1984: Die gräßliche Bescherung. Zur Anatomie des politischen Skandals, in: Kursbuch 77, S. 159-172.

Landfried, Christine 1989: Korruption und politischer Skandal in der Geschichte des Parlamentarismus, in: Ebbighausen, Rolf/Neckel, Sighard (Hg.): Anatomie des politischen Skandals, Frankfurt a.M.: Suhrkamp, S. 130-148.

Lauf, Edmund 1994: Der Volksgerichtshof und sein Beobachter. Bedingungen und Funktionen der Gerichtsberichterstattung im Nationalsozialismus, Opladen: Westdeutscher.

Lewytzkyi, Borys 1967: Die rote Inquisition. Die Geschichte der sowjetischen Sicherheitsdienste, Frankfurt a.M.: Societäts-Verlag.

Liedtke, Rüdiger 1989: Die neue Skandalchronik. 40 Jahre Affären und Skandale in der Bundesrepublik Deutschland, Frankfurt a.M.: Eichborn.

Luhmann, Niklas 1968: Zweckbegriff und Systemrationalität. Über die Funktion von Zwecken in sozialen Systemen, Tübingen: Mohr.

Luhmann, Niklas 1969: Legitimation durch Verfahren, Neuwied a.R./Berlin: Luchterhand.

Luhmann, Niklas 1972: Rechtssoziologie. Band 1, Reinbek bei Hamburg: rororo.

Luhmann, Niklas 1974a [1962]: Funktion und Kausalität, in: Ders.: Soziologische Aufklärung. Band 1: Aufsätze zur Theorie sozialer Systeme, 4. Aufl., Opladen: Westdeutscher, S. 9-30.

Luhmann, Niklas 1974b [1964]: Funktionale Methode und Systemtheorie, in: Ders.: Soziologische Aufklärung. Band 1: Aufsätze zur Theorie sozialer Systeme, 4. Aufl., Opladen: Westdeutscher, S. 31-53.

Luhmann, Niklas 1987 [1984]: Soziale Systeme. Grundriß einer allgemeinen Theorie, Frankfurt a.M.: Suhrkamp.

Luhmann, Niklas 2002 [2000]: Die Politik der Gesellschaft, hg. v. André Kieserling, Frankfurt a.M.: Suhrkamp.

Maderthaner, Wolfgang/Schafranek, Hans/Unfried, Berthold (Hg.) 1991: „Ich habe den Tod verdient." Schauprozesse und politische Verfolgung in Mittel- und Osteuropa 1945-1956, Wien: Verlag für Gesellschaftskritik.

Mählert, Ulrich 1996: Schauprozesse und Parteisäuberungen in Osteuropa nach 1945, in: APuZ B 37-38, S. 38-46.

Maier, Jürgen 2003a: Der CDU-Parteispendenskandal: Medienberichterstattung und Bevölkerungsreaktion, in: Publizistik 48:2, S. 135-155.

Maier, Jürgen 2003b: Die üblichen Verdächtigen oder zu unrecht beschuldigt? Zum Einfluß politischer Skandale und ihrer Medienresonanz auf die Politikverdrossenheit in Deutschland (Bamberger Beiträge zur Politikwissenschaft, Nr. II-13). WWW-Dokument, http://www.uni-bamberg.de/file admin/uni/fakultaeten/sowi_faecher/politik/BBPII/BBP-II-12.pdf, 123 KB (27.08.06).

Markovits, Andrei S./Silverstein, Mark 1989 [1988]: Macht und Verfahren. Die Geburt des politischen Skandals aus der Widersprüchlichkeit liberaler Demokratien, in: Ebbighausen, Rolf/Neckel, Sighard (Hg.): Anatomie des politischen Skandals, Frankfurt a.M.: Suhrkamp, S. 151-170.

Maurer, Marcus 2003: Politikverdrossenheit durch Medienberichte. Eine Paneluntersuchung, Konstanz: UVK.

Mayntz, Renate 1969: Stichwort „Strukturell-funktionale Theorie", in: Bernsdorf, Wilhelm (Hg.): Wörterbuch der Soziologie, 2. Aufl., Stuttgart: Enke.

Merton, Robert K. 1995 [1949]: Manifeste und latente Funktionen, in: Ders.: Soziologische Theorie und soziale Struktur, hg. und eingeleitet von Volker Meja und Nico Stehr, Berlin/New York: de Gruyter, S. 17-81.

Messelken, Karlheinz 1989: Stichwort „Funktion", in: Endruweit, Günter/ Trommsdorff, Gisela (Hg.): Wörterbuch der Soziologie, Band 1, Stuttgart: dtv/Enke.

Meyer, John W. et al. 1997: World Society and the Nation-State, in: American Journal of Sociology 103:1, S. 144-181.

Mikl-Horke, Gertraude 1997: Soziologie. Historischer Kontext und soziologische Theorie-Entwürfe, 4. Aufl., München/Wien: Oldenbourg.

Mills, Charles W. 1940: Situated Actions and Vocabularies of Motive, in: American Sociological Review 5:6, S. 904-913.

Morel, Julius et al. 2001: Soziologische Theorie. Abriß der Ansätze ihrer Hauptvertreter, 7. Aufl., München/Wien: Oldenbourg.

Müller, Werner 1993: Kommunisten verfolgen Kommunisten. Die frühen Schauprozesse in der Sowjetunion und die Reaktionen in der deutschen Öffentlichkeit, in: Weber, Hermann/Staritz, Dietrich (Hg.): Kommunisten verfolgen Kommunisten. Stalinistischer Terror und ‚Säuberungen' in den kommunistischen Parteien Europas seit den dreißiger Jahren, Berlin: Akademie, S. 389-398.

Münch, Richard 1976: Theorie sozialer Systeme. Eine Einführung in Grundbegriffe, Grundannahmen und logische Struktur, Opladen: Westdeutscher.

Münch, Richard 2003: Funktionalismus – Geschichte und Zukunftsperspektiven einer Theorietradition, in: Jetzkowitz, Jens/Stark, Carsten (Hg.): Soziologischer Funktionalismus. Zur Methodologie einer Theorietradition, Opladen: Leske + Budrich, S. 17-56.

Münch, Richard 2004: Soziologische Theorie. Band 3: Gesellschaftstheorie, Frankfurt/New York: Campus.

Münkler, Herfried 1989: Von der Herrschaftsregel zum Skandal: Der Umgang der Herrschenden mit den Frauen der Untertanen, in: Ebbighausen, Rolf/ Neckel, Sighard (Hg.): Anatomie des politischen Skandals, Frankfurt a.M.: Suhrkamp, S. 104-129.

Neckel, Sighard 1989a [1986]: Das Stellhölzchen der Macht. Zur Soziologie des politischen Skandals, in: Ebbighausen, Rolf/Neckel, Sighard (Hg.): Anatomie des politischen Skandals, Frankfurt a.M.: Suhrkamp, S. 55-80.

Neckel, Sighard 1989b: Machen Skandale apathisch? In: Ebbighausen, Rolf/ Neckel, Sighard (Hg.): Anatomie des politischen Skandals, Frankfurt a.M.: Suhrkamp, S. 234-257.

Neckel, Sighard 1990: Die Wirkungen politischer Skandale, in: APuZ B 7, S. 3-10

Neckel, Sighard 2005: Political Scandals. An Analytical Framework, in: Comparative Sociology 4:1-2, S. 102-111.

Nick, Rainer/Sickinger, Hubert 1989: Politische Skandale als Indikatoren und Beschleuniger sozialen Wandels in Österreich, in: Nick, Rainer/Philp, Mark/Pinto-Duschinsky, Michael (Hg.): Political Corruption and Scandals. Case Studies from East and West, Wien: VWGÖ, S. 107-135.

Nieden, Susanne zur/Reichardt, Sven 2004: Skandale als Instrument des Machtkampfes in der NS-Führung: Zur Funktionalisierung der Homosexualität von Ernst Röhm, in: Sabrow, Martin (Hg.): Skandal und Diktatur. Formen öffentlicher Empörung im NS-Staat und in der DDR, Göttingen: Wallstein, S. 7-32.

O'Donnell, Guillermo 2005: Why the rule of law matters, in: Diamond, Larry/Morlino, Leonardo (Hg.): Assessing the Quality of Democracy, Baltimore: John Hopkins University Press, S. 3-17.

o.Verf. 1949: Wie führt man Schauprozesse? In: Der Monat 2:14, S. 217-219.

Pappi, Franz U./Shikano, Susumu/Bytzek, Evelyn 2004: Der Einfluss politischer Ereignisse auf die Popularität von Parteien und Politikern und auf das Parteiensystem, in: KZfSS 56:1, S. 51-70.

Parsons, Talcott 1964 [1951]: The Social System, London: Routledge & Kegan Paul.

Parsons, Talcott 1976: Zur Theorie sozialer Systeme, hg. und eingel. v. Stefan Jensen, Opladen: Westdeutscher.

Pirker, Theo (Hg.) 1963: Die Moskauer Schauprozesse 1936-1938, München: dtv.

Popitz, Heinrich 1968: Über die Präventivwirkung des Nichtwissens. Dunkelziffer, Norm und Strafe, Tübingen: Mohr.

Ramge, Thomas 2003: Die großen Polit-Skandale. Eine andere Geschichte der Bundesrepublik, Frankfurt a.M./New York: Campus.

Reimann, Bruno W. 1994: Stichwort „Funktionalismus", in: Fuchs-Heinritz et al. (Hg.): Lexikon zur Soziologie, 3. Aufl., Opladen: Westdeutscher.

Richter, Isabel 2001: Hochverratsprozesse als Herrschaftspraxis im Nationalsozialismus. Männer und Frauen vor dem Volksgerichtshof 1934-1939, Münster: Westfälisches Dampfboot.

Richter, Rudolf 2001: Soziologische Paradigmen. Eine Einführung in klassische und moderne Konzepte, Wien: WUV.

Rudzio, Wolfgang 2000: Das politische System der Bundesrepublik Deutschland, 5. Aufl., Opladen: Leske + Budrich.

Sabrow, Martin 2004: Politischer Skandal und moderne Diktatur, in: Ders. (Hg.): Skandal und Diktatur. Formen öffentlicher Empörung im NS-Staat und in der DDR, Göttingen: Wallstein, S. 7-32.

Schaper, Jürgen 1985: Studien zur Theorie und Soziologie des gerichtlichen Verfahrens. Ein Beitrag zur Diskussion um Grundlagen und Grundbegriffe von Prozeß und Prozeßrecht, Berlin: Duncker & Humblot.

Schmid, Günther 1974: Funktionsanalyse und politische Theorie. Funktionalismustheorie, politisch-ökonomische Faktorenanalyse und Elemente einer genetisch-funktionalen Systemtheorie, Düsseldorf: Bertelsmann.

Schmidt, Manfred G. 1995: Wörterbuch zur Politik, Stichwörter „Diktatur", „Schauprozeß" und „Vetogruppe", Stuttgart: Kröner.

Schmidt, Manfred G. 2000: Demokratietheorien. Eine Einführung, 3. Aufl., Opladen: Leske + Budrich.

Schmitt, Carl 1996 [1927]: Der Begriff des Politischen, 6. Auflage, Berlin: Duncker & Humblot.

Schmitz, Manfred 1981: Theorie und Praxis des politischen Skandals, Frankfurt a.M./New York: Campus.

Schneider, Herbert 2001: Ministerpräsidenten. Profil eines politischen Amtes im deutschen Föderalismus, Opladen: Leske + Budrich.

Schneider, Wolfgang L. 2004: Grundlagen der soziologischen Theorie. Band 3: Sinnverstehen und Intersubjektivität – Hermeneutik, funktionale Analyse, Konversationsanalyse und Systemtheorie, Wiesbaden: VS.

Schrader, Fred E. 1995: Der Moskauer Prozeß 1936. Zur Sozialgeschichte eines politischen Feindbildes, Frankfurt a.M./New York: Campus.

Schraewer, Claudia 2003: Skandale und Missstände – zur Bedeutung der Sprache für die Realitätsdarstellung, in: Publizistik 48:1, S. 47-62.

Schuette, Hans G. 1971: Der empirische Gehalt des Funktionalismus. Rekonstruktion eines soziologischen Erklärungsprogramms, Meisenheim: Hain.

Schuller, Wolfgang 1989: Frevel, Raub Bestechung – Volksversammlung und Senat. Skandale und Öffentlichkeit in der griechischen und römischen Welt, in: Ebbighausen, Rolf/Neckel, Sighard (Hg.): Anatomie des politischen Skandals, Frankfurt a.M.: Suhrkamp, S. 83-103.

Schütze, Christian 1985 [1967]: Skandal. Eine Psychologie des Unerhörten, Bern/München: Scherz.

Schützler, Horst 1990: Vorwort, in: o.V.: Schauprozesse unter Stalin. Zustandekommen, Hintergründe, Opfer, Berlin: Dietz, S. 7-20.

Schwerin von Krosigk, Lutz G. 1991: „Gib mir das Recht zur Seite…". Die großen Schauprozesse von der Antike bis zur Gegenwart, Frankfurt a.m.: Ullstein.

Smelser, Neil J. 1985: Stabilität, Instabilität und die Analyse der politischen Korruption, in: Fleck, Christian/Kuzmics, Helmut (Hg.): Korruption. Zur Soziologie nicht immer abweichenden Verhaltens, Königstein: Athenäum, S. 202-227.

Sobota, Katharina 1997: Das Prinzip Rechtsstaat. Verfassungs- und verwaltungsrechtliche Aspekte, Tübingen: Mohr.

Stichweh, Rudolf 2000: Niklas Luhmann (1927-1998), in: Kaesler, Dirk (Hg.): Klassiker der Soziologie. Band 2: Von Talcott Parsons bis Pierre Bourdieu, 2. Aufl., München: Beck, S. 206-229.

Thompson, John B. 2000: Political Scandal. Power and Visibility in the Media Age, Cambride: Polity.

Weber, Max 1988 [1904]: Die „Objektivität" sozialwissenschaftlicher und sozialpolitischer Erkenntnis, in: Ders.: Gesammelte Aufsätze zur Wissenschaftslehre, hg. v. Johannes Winckelmann, 7. Aufl., Tübingen: Mohr, S. 146-214.

Werkentin, Falco 1995: Politische Strafjustiz in der Ära Ulbricht, Berlin: Links.

Wesel, Uwe 2003: Recht, Unrecht, Gerechtigkeit. Von der Weimarer Republik bis heute, München: Beck.

Williams, Robert 1998: Political Scandals in the USA, Edinburgh: Keele University Press.

Winkler, Hans-Joachim 1968: Über die Bedeutung von Skandalen für die politische Bildung, in: APuZ B 27, S. 3-14.

Wolle, Stefan 2004: Lanzelot und der Drache. Skandal und Öffentlichkeit in der geschlossenen Gesellschaft der DDR am Beispiel der Ausbürgerung des Liedermachers Wolf Biermann im November 1976, in: Sabrow, Martin (Hg.): Skandal und Diktatur. Formen öffentlicher Empörung im NS-Staat und in der DDR, Göttingen: Wallstein, S. 212-230.

Wolling, Jens 2001: Skandalberichterstattung in den Medien und die Folgen für die Demokratie. Die Bedeutung von Wahrnehmung und Bewertung der Berichterstattung für die Einstellung zur Legitimität des politischen Systems, in: Publizistik 46:1, S. 20-36.

Wood, Elizabeth A. 2005 [1958]: Performing Justice. Agitation Trials In Early Soviet Russia, Ithaca/London: Cornell University Press.

Zeyer, Rene 2006: Fidel Castro, der große Pfuscher. In: Frankfurter Allgemeine Sonntagszeitung 31 (06.08.06), S. 6.

Ziehr, Wilhelm 1970: Die Entwicklung des „Schauprozesses" in der Sowjetunion. Ein Beitrag zur sowjetischen Innenpolitik 1928-1938 (Diss. Univ. Tübingen), Mainz: Kubatzki & Probst.

Zimmerling, Ruth 2002: Politische Korruption und demokratischer Einfluss: „separate spheres" oder „Spiel ohne Grenzen"? In: Bluhm, Harald/ Fischer, Karsten (Hg.): Sichtbarkeit und Unsichtbarkeit der Macht. Theorien politischer Korruption, Baden-Baden: Nomos, S. 139-166.

Zimmerling, Ruth 2005: Politische Korruption: begrifflich-theoretische Einordnung, in: Alemann, Ulrich von (Hg.): Dimensionen politischer Korruption. Beiträge zum Stand der internationalen Forschung, Wiesbaden: VS, S. 77-90.

In der Schriftenreihe "Politik begreifen" werden Forschungsarbeiten vorgestellt, die sich theoretisch und methodologisch reflektiert mit empirischen und normativen Problemen der Politikwissenschaft auseinandersetzen. Die Beiträge zeichnen sich nicht nur dadurch aus, dass sie gelungene Beispiele für eine theoriegeleitete Analyse politischer Phänomene darstellen und die politikwissenschaftliche Diskussion bereichern, sondern auch durch ihre anregenden Fragestellungen aus allen Teilbereichen der Politikwissenschaft, die auch für ein breitgefächertes Fachpublikum interessant sind.

In der Schriftenreihe *Politik begreifen: Schriften zu theoretischen und empirischen Problemen der Politikwissenschaft* sind bisher erschienen:

Maximilian Kurz:
Drogen, Terror, Öl – Entstehung und Wandel der US-Außenpolitik gegenüber Kolumbien 1999-2003. Eine netzwerkanalytische Betrachtung aus Sicht des neuen Liberalismus
(Band 1)
150 Seiten, 24,90 Euro, 2007
ISBN 978-3-8288-9228-6

Erik Stei:
Gerechtigkeit und politischer Universalismus – John Rawls' Theorie der Gerechtigkeit. Eine kritische Analyse der Rechtfertigungsleistung
(Band 2)
102 Seiten, 24,90 Euro, 2007
ISBN 978-3-8288-9305-4

Andreas Schmidt:
Liberale Theorien des Demokratischen Friedens. Ein Vergleich vor dem Hintergrund der Revolution in Military Affairs
(Band 3)
108 Seiten, 24,90 Euro, 2007
ISBN 978-3-8288-9324-5

Gregor Schäfer:
Spieltheorie und kommunikatives Handeln in den Internationalen Beziehungen.

Eine Analyse der ZIB-Debatte (1994-2001)
(Band 4)
140 Seiten, 24,90 Euro, 2007
ISBN 978-3-8288-9346-7

Carina Schmitt:
Does Civic Engagement Matter? Soziale Beteiligung und Public Policy in Ecuador
(Band 5)
116 Seiten, 24,90 Euro, 2007
ISBN 978-3-8288-9377-1

Karl Marker:
Politische Skandale in Demokratien und Schauprozesse in Diktaturen. Zur funktionalen Äquivalenz
(Band 6)
102 Seiten, 24,90 Euro, 2007
ISBN 978-3-8288-9393-1